Schnelle Lachspastete S. 21 sehr gut!

FISCH UND MEERESFRÜCHTE

ROTRAUD
DEGNER

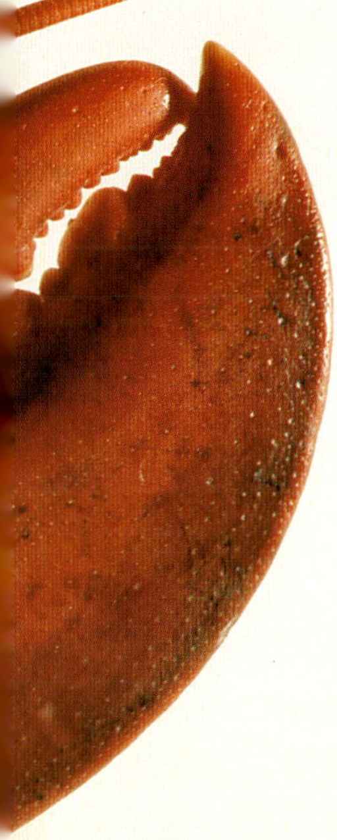

Meine besten Rezepte

FISCH UND MEERESFRÜCHTE

150 ausgewählte
internationale Rezepte

Fotos von Raoul Manuel Schnell
Styling von Helge Stüssel-Harzer

ORBIS VERLAG

Genehmigte Sonderausgabe 1999
Orbis Verlag für Publizistik, München
in der Verlagsgruppe Bertelsmann GmbH

Layout: Paul Wollweber
Lektorat: Heidrun Schaaf
Satz: Filmsatz Schröter GmbH, München
Reproduktion: Graphische Anstalt Wartelsteiner, Garching bei München
Druck und Bindung: Egedsa, Barcelona
Printed in Spain · ISBN 3-572-01038-1

INHALT

Fische und Meerestiere – eine ganze Welt von Rezepten

Der Tisch des Meeres war noch nie so reichlich gedeckt. Vor allem nicht für Jedermann. Und zu keiner Zeit in der Geschichte der Kochkunst gab es eine solche Auswahl delikater maritimer Rezepte aus aller Welt. Moderne Transportmittel machen es möglich, daß selbst in den küstenfernen Städten herrlich frisches Seegetier den Verbraucher in kürzester Zeit erreicht. Kein Koch muß sich mehr in sein Schwert stürzen, wie einst der große Vatel am Hofe Ludwigs XIV., weil die bestellten Fische für ein Galadiner nicht rechtzeitig eintrafen.

Die Lust auf Fisch nimmt ständig zu. Sicher auch deshalb, weil alles, was in so wunderbarer Vielfalt in den Gewässern schwimmt, den Fischern völlig naturbelassen und nahezu kochfertig in die Netze geht. Das Angebot an Vor- und Hauptspeisen mit Fischen und Meeresfrüchten ist in den kulinarischen Hochburgen wesentlich umfangreicher als das der Fleischgerichte. Auch am häuslichen Herd werden immer häufiger Fische und Krustentiere zubereitet – zumal sich das Gesunde hier so angenehm mit dem Genuß verbinden läßt. Reiseerinnerungen spielen bei dem wachsenden Verbrauch fremder Fische ebenfalls eine große Rolle.

Leider hat die starke Nachfrage, vor allem nach Edelfischen, die Bestände verringert und die Preise gewaltig in die Höhe getrieben. Aber die Aristokratie der Fische war noch nie billig. Schon vor über 2000 Jahren hat sich der Zensor Cato vor dem römischen Senat über die hohen Fischpreise beschwert. Die Hitliste der beliebtesten Nobelfische der alten Römer unterschied sich übrigens kaum von der heutigen. Inzwischen haben selbst besternte Köche den Wohlgeschmack der preiswerten Fische entdeckt. Sardinen, Makrelen, Merlane, Kabeljau, Klippfisch und Fische aus Teichwirtschaften sind längst gesellschaftsfähig und werden auf hunderterlei Arten zubereitet. Neu hinzugekommen sind in letzter Zeit die buntschillernden Fische und Krustentiere, die aus tropischen Gewässern eingeflogen werden.

Der Umgang mit Fisch will gelernt sein, beim Einkauf, der Zubereitung und beim Genuß. Man muß richtig lernen, sich in den Fisch »hineinzuessen«, also ganz allmählich seine so köstlich unterschiedlichen Geschmacksnuancen zu erkennen. Mir haben dabei vor allem drei große französische Köche den Weg gewiesen.

Vor vielen Jahren wurde mir in Paris von den Brüdern Minchelli in ihrem Restaurant »Le Duc« zum ersten Mal *poisson cru* vorgesetzt. Es waren hauchdünne Scheiben von rohem Wildlachs, von Wolfsbarsch und Jakobsmuscheln, nur mit Olivenöl beträufelt und mit Pfeffer bestreut. Ein damals bei uns noch unbekannter Genuß. Ich begann zu ahnen, was es heißt, den so unterschiedlichen Eigengeschmack von Fisch zu erkennen und zu genießen. Und als Jean Minchelli mich um 2 Uhr nachts auf den Fischgroßmarkt von Rungis mitnahm und ich zum ersten Mal dieses überwältigende, weltweite Angebot an Fischen und Meerestieren ausgebreitet vor mir sah, beschloß ich, dieses Wunder der Meere und Flüsse viel besser kennenzulernen.

Sternstunden maritimer Genüsse erlebten wir bei dem genialen Jacques Le Divellec zuerst in La Rochelle und später in seinem berühmten gleichnamigen Fischrestaurant in Paris. Ich lernte, welch raffinierte Verbindungen Fisch und Saucen miteinander eingehen können, wenn ein großer Koch am Werk ist. Bei einer Fischauktion in La Rochelle mit Le Divellec sah ich die blau-silbergolden schimmernde Beute der Küstenfischerei

aus dem Atlantik so frisch angelandet, wie sie sonst nur ein Angler kennt.
Den wesentlich kargeren, aber um so edleren Segen des Mittelmeeres zeigte mir ein anderer besternter Koch, Roger Vergé, auf dem kräuterduftenden Marché Forville in Cannes. Hier bietet jede Fischersfrau nur den Tagesfang des eigenen Mannes an – aber es sind die so begehrten echten Loups de Mer – Daurades Royales – Rougets de Roche und Rascasses, die in kürzester Zeit für teures Geld ihre Käufer finden. Roger Vergé verwandelt die Nobelfische in seinem berühmten Restaurant »Moulin de Mougins« in seine unverwechselbaren schwerelosen Gerichte der *grande cuisine*, die immer mit einem Hauch von provenzalischer Sonne und Düften durchzogen scheinen.
Dies sind nur einige der Impressionen und kulinarischen Erlebnisse. Natürlich hätte ich noch vieles andere aus den Restaurants und Landesküchen von Sizilien bis Hamburg in diesem Buch zu berichten, was seinen Niederschlag gefunden hat. Jedenfalls habe ich aus meinem gesammelten Rezeptschatz die glanzvollsten und delikatesten Rezepte, die ohne Schwierigkeiten nachzukochen sind, für dieses Buch zusammengestellt.

Fisch soll schwimmen – auch nach der Zubereitung – und deshalb von Wein begleitet werden. Am besten paßt in der Regel ein leichter frischer trokkener Weißwein – zu manchen Rezepten auch ein Rosé. Immer häufiger werden junge trockene Rotweine, leicht gekühlt, zu Fisch angeboten. Da kann man experimentieren. Krustentiere vertragen neben Champagner auch kräftigere halbsüße Weißweine. Ich habe zu jedem Rezept eine Weinempfehlung gemacht – eine Anregung, aber kein Dogma.
Zum Schluß möchte ich meinen Freunden danken, die mir bei der Entstehung dieses Buches mit Tat und Rat zur Seite gestanden haben: Helge Stüssel und Raoul Schnell für die Gestaltung der schönen Farbaufnahmen sowie Barbara Evers und Rotraut Hard, die wichtige Beiträge beim Zusammenstellen der vielsprachigen Texte und Rezepte leisteten und schließlich Heidrun Schaaf, die das Buch als Lektorin von Anfang an liebevoll betreut hat.

So kann ich nur noch zu Fisch bitten.

München, Mai 1989 Rotraud Degner

Alle Rezepte sind – wenn nicht anders vermerkt – für 4 Personen.

KALTE VORSPEISEN

Wenn Sie Ihren Gästen Meeresfrüchte als Vorspeise servieren möchten, werden Sie bei dem großen Angebot die Qual der Wahl haben.

Fangen wir gleich bei A wie Austern an. Es gibt kaum ein nobleres Hors d'œuvre – außer Kaviar natürlich –, das weniger Arbeitsaufwand erfordert als frische Austern. Voraussetzung ist, daß alle Eingeladenen Austernliebhaber sind. Kochvorgänge gibt es nicht. Nur das Öffnen der hartschaligen Leckerbissen muß geübt sein (möglichst mit Austernmesser mit Handschutz), damit weder das im Inneren der Auster enthaltene wohlschmeckende Meereswasser verloren geht, noch die zarte Leber verletzt wird, die als Leckerbissen gilt.

Ein ähnlich intensives Geschmackserlebnis wie die Auster vermittelt roh servierter Fisch mit seinem unverfälschten Aroma nach Meer und Jod und seinem Eigengeschmack. In Japan – hier vor allem als Sushi – und in der Südsee hat man solche erfrischenden Meeresvorspeisen von jeher geschätzt, während diese bei uns in den letzten Jahren erst Furore machten. Unabdingbar ist die absolute Frische und der Wohlgeschmack der verwendeten Meeres- und Süßwasserfische. Der Fisch wird in hauchdünne Scheiben geschnitten, mit feinstem Olivenöl und ein paar Spritzern Zitrone gebeizt und für 1–2 Stunden in den Kühlschrank gestellt. Frische Jakobsmuscheln eignen sich ebenfalls gut für diese Zubereitungsart. Auch feingehackt und als Tatar angemacht, können Edelfisch und Jakobsmuscheln sehr pikant sein.

Fisch, der zuerst gebraten und dann mit bestem Essig und allerlei Kräutern und Gewürzen eingelegt wird – von herzhaften Bratheringen über pikante Sardinen, edlen Rotbarben bis zu zarten Forellen –, ist besonders bei Männern beliebt.

An Fischsalate werden heute ganz andere Ansprüche gestellt als früher: Sie sind bedeutend leichter geworden. Der Feinschmecker von heute will nicht mehr den Eigengeschmack der Meerestiere durch schwere Mayonnaisen verdeckt haben. Entweder werden die kurz gekochten Meeresfrüchte nur mit einer Vinaigrette angemacht oder man kombiniert Blattsalate verschiedener Farben und Sorten mit Fisch. Die Vinaigrettes werden aus fruchtigem Olivenöl, Walnuß- oder Haselnußöl, Traubenkernöl oder ein wenig Trüffelöl sowie altem Weinessig, Sherryessig oder sanftem Aceto balsamico zubereitet. Erst wenn der angemachte, möglichst bunt gemischte Blattsalat auf den Tellern liegt, werden gebratene, noch warme Filets von Edelfischen, ausgelöste, lauwarme Krustentiere (in großen Scheiben), Muscheln oder Streifen von Räucherfisch darauf angerichtet. Eine Freude für Augen und Gaumen.

Absoluter Favorit unter den Räucherfischen ist der Lachs (allerdings sind die Qualitätsunterschiede beträchtlich zwischen Wildlachs und Zuchtlachs). Ganz gleich, ob er in feine Streifen geschnitten, zu Spargel oder Melone, Papayas oder Avocados serviert wird, ob man ihn zu Blinis, Kartoffelpuffern oder zu Folienkartoffeln mit Crème fraîche reicht, mir schmeckt er immer.

Mit den gleichen Zutaten – außer Spargel – kann übrigens auch Kaviar kombiniert werden. Dabei sollte man sich keineswegs auf die edlen teuren Eier des Störs beschränken. Auch der orangerote Kaviar vom Lachs, der zartfarbene von Forellen oder Felchen sowie der in Italien so beliebte Bottarga aus luftgetrocknetem gesalzenem Rogen vom Thunfisch und der Meeräsche sind Delikatessen.

Auf frisch gekochte Langusten, Hummer und kleinere Krustentiere eine Laudatio zu halten, erübrigt sich.

Aber da ist dann noch die ganze Skala jener kalten Hors d'œuvre, die die Franzosen als »Charcuterie de poissons« bezeichnen, Fischterrinen und Mousses. Und nicht zu vergessen unsere Räucherfische: Forellen, Karpfen, Saiblinge, Ostseeaale oder Pfeffermakrelen, die am besten schmecken, wenn sie noch warm aus dem Rauch kommen.

Austern

Es gibt nur enthusiastische Liebhaber dieser schlüpfrigen Meeresdelikatesse oder totale Verweigerer. Mein unvergeßlichstes Austernessen hatte ich nicht in einem Restaurant, sondern in Marennes am Rande eines Austernbeckens, Claires genannt. Hier werden die Austern der Charente Maritime von den Austernparks im Meer zum Ausschlemmen und zum Mästen mit einer bestimmten Algenart gebracht, die ihnen den besonderen Wohlgeschmack und den leicht grünlichen Hauch verleihen, der sie auszeichnet. Der Name »claires« ist dabei auch auf die Austern aus der Umgebung von La Rochelle übergegangen. Unser Gastgeber war ein Ostréiculteur. Er fischte unsere Mahlzeit vor uns frisch aus dem Becken und brach die Muscheln an Ort und Stelle auf. Keine Kühlung durch Eis, die Austern hatten Meerestemperatur. Der erfahrene Züchter riet uns dann noch, die Austern nicht einfach herunterzuschlürfen, sondern sie zu kauen, um wirklich in den vollen Genuß zu kommen! Nur den reinen Meeresgeschmack spürend, hatte ich dort, was man wohl Ur-Geschmackserlebnis nennen sollte. Zu den Austern gab es krustiges Bauernbrot und die köstliche gesalzene Butter der Charente. Zum Trinken bot unser Gastgeber einen unglaublich trockenen Weißwein mit leichtem Jodgeschmack von der Ile de Ré an. So gut haben mir Austern nie wieder geschmeckt.
Gelernt habe ich, daß man Austern keineswegs eisgekühlt servieren darf, sondern sie mindestens eine halbe Stunde vor dem Aufbrechen der Schalen aus dem Kühlschrank nehmen sollte. Werden die Austern zum Servieren auf zerstoßenes Eis gesetzt, vermeidet man möglichst den unmittelbaren Kontakt zwischen Austern und Eis durch eine Schicht Algen. Neu war mir damals auch, daß die größten Austern keineswegs immer die besten sind. Zumindest in der Charente gelten bei den länglichen tiefen Austern, den »huîtres creuses«, die Nr. 4 (40 g) bis Nr. 00000 (150 g) eingestuft werden, die »claires speciales« Nr. 2 und 3 als die feinsten. Man rechnet je nach Größe 6 bis 9 Austern pro Gast als leichte Vorspeise – ein Dutzend dagegen, wenn danach nur noch ein leichter Hauptgang folgt.
Beilage: Graubrot – leicht gesalzene Butter
Weinempfehlung: Ein weißer Muscadet, ein Sancerre, aber auch ein junger Rotwein wie z. B. ein Saint-Estèphe

Carpaccio oder roh gebeizter Fisch

Carpaccio, ein bedeutender Maler der Renaissance, benutzte auf seinen Bildern fast immer ein auffallendes dunkles Rot für die Kleidung seiner Hauptfiguren, das als Carpaccio-Rot bekannt wurde. Als der Gastronom Cipriani ein altes piemontesisches Rezept für gebeizte hauchdünne Scheiben von Rinderfilet für sein Restaurant »Harry's Bar« in Venedig wiederbelebte, nannte er es wegen seiner dunkelroten Farbe Carpaccio und machte es weltberühmt.
Wenn nun aber auf den Karten vieler Restaurants roh gebeizter, orangefarbener Lachs, rosa Forellen, weißer Wolfsbarsch ebenfalls Carpaccio genannt werden, erscheint mir das eine Fehlbezeichnung. Wenn Sie also bei mir die Rezepte für roh gebeizten Fisch suchen, schlagen Sie entweder unter eben dieser Bezeichnung »Roh gebeizter Fisch« oder, wenn es sich um rohen feingehackten Fisch handelt, unter »Tatar« nach! Die Hauptsache für das Marinieren von rohem Fisch ist seine Frische. Eine frische Forelle kann unter Umständen wesentlich besser schmecken als ein schon etwas zu weitgereister Lachs.

MEERESROSE AUS LACHS UND BARSCH

Dekorativ sieht es auch aus, wenn man nur einen Kranz von weißen Fischscheiben formt und ein Lachstatar in die Mitte gibt.

Zubereitungszeit: 30 Minuten
2 Stunden marinieren

300 g frischer Meerwolf
300 g frischer schottischer Wildlachs, ebenso gut geeignet ist frischer Bonito, Schwertfisch, Petersfisch, Seeforelle

4 EL bestes Olivenöl extravergine
1 Limette
Meersalz
1 EL grüne frische Pfefferkörner
frischgemahlener schwarzer Pfeffer
einige Blätter Rauke oder Kresse
2 EL Lachskaviar

Von den beiden Fischstücken mit einem scharfen Messer – wie beim Schneiden von Räucherlachs – kleine hauchdünne Scheiben schneiden und die einzelnen Scheiben noch mit einem breiten Messer flachdrücken, damit sie durchsichtig dünn sind.
2 flache Glasteller mit etwas Öl einstreichen, die Fischscheiben abwechselnd rosettenartig auf den Tellern anordnen. Mit Öl bepinseln. Mit einer Klarsichtfolie abdecken und 2 Stunden in den Kühlschrank stellen.
Den Limettensaft mit wenig Salz verrühren, bis das Salz aufgelöst ist. Das restliche Olivenöl unter ständigem Rühren mit dem Zitronensaft vermischen und den Pfeffer hinzufügen. Über die angerichteten Fischscheiben träufeln.
An den Rand der Fischscheiben einige kurzgeschnittene Blätter von Rauke oder Kresseblätter geben, so daß der Eindruck einer Blüte entsteht, und in die Mitte einen Löffel Lachskaviar setzen.
BEILAGE: Heißer Toast
WEINEMPFEHLUNG: Ein trockener Prosecco aus Conigliano oder ein trockener Riesling

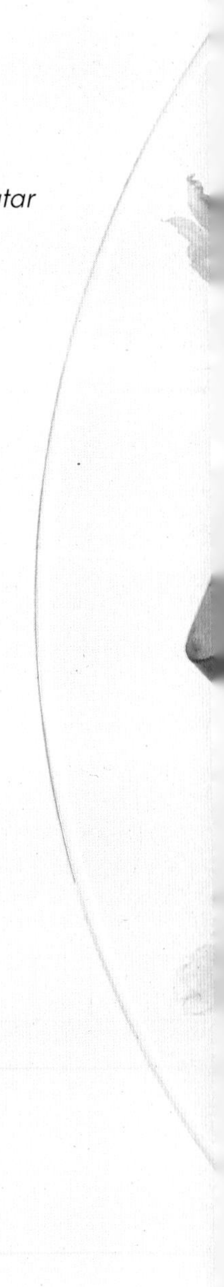

Rund um die Blinis

Blinis sind eine herrliche Sache und geradezu prädestiniert für alle Arten von Vorgerichten mit Fisch. Mit flüssiger Butter bestrichen und nicht zu knapp mit Kaviar belegt, dazu ein Glas Wodka oder ein Glas trockener Champagner, ist die klassische Form Blinis zu servieren. Um Kaviar zu sparen, kann man ebensogut einen Klacks Kaviar, eine leicht zusammengerollte Scheibe zarten Räucherlachs und einen Löffel dicke Crème fraîche auf jedem Blini garnieren. Auch ein Tatar von Lachs oder Matjes und ein dicker Tupfer Meerrettichsahne zu den Blinis sind ein Genuß. Und alles ganz schnell zubereitet, denn das Schöne bei den Blinis ist: man kann den Bliniteig schon am Vortag ansetzen und über Nacht stehen lassen, das bekommt dem Buchweizenmehl sogar sehr gut, oder die Blinis schon vorher braten, über Nacht einfrieren und, fest in Alufolie verpackt, im Ofen aufbacken, wenn die Gäste angekommen sind.

Blinis

Zubereitungszeit: 30 Minuten
Teig am Vortag zubereiten

100 g Buchweizenmehl
50 g Weizenmehl
Salz
¼ l Milch
10 g Hefe
3 EL flüssige Butter
2 Eier
Öl und Butter zum Braten
Butter zum Begießen der Blinis

Das Buchweizenmehl mit dem Mehl und dem Salz vermischen. Die Hefe in einer Tasse lauwarmer Milch ganz auflösen. Das Mehlgemisch mit der aufgelösten Hefe, der restlichen lauwarmen Milch, der flüssigen Butter und den Eigelb gut miteinander verrühren. Zugedeckt an einem kühlen Ort (nicht im Kühlschrank) gehen lassen. Die Eiweiß in den Kühlschrank stellen. Dann den Teig kräftig durchkneten. Die Eiweiß steif schlagen und unter den dicken Hefeteig ziehen.

Butter und Öl in einer beschichteten Pfanne erhitzen und mit einem Schöpflöffel vier kleine dünne Teigplätzchen in die Pfanne gießen. Goldgelb backen, wenden und auch die zweite Seite backen. Fertige Blinis zum Warmhalten zwischen zwei Teller legen und diese auf einen Topf mit kochendem Wasser stellen.

Bei Tisch werden die Blinis mit etwas flüssiger Butter bestrichen, bevor sie mit der salzigen Füllung belegt werden.

Beilage: Kaviar, Räucherlachs, roh marinierter Fisch, Matjes-, Lachstatar

Lachstatar

Foto Seite 8/9

Zubereitungszeit: 15 Minuten

300 g Scheiben von frischem Wildlachsfilet, ebenso geeignet sind frischer Wolfsbarsch, Bonito, Schwertfisch, Forelle oder Saibling

2 große Frühlingszwiebeln
1 TL rosa oder schwarzer Pfeffer
3 EL Traubenkernöl oder Olivenöl
1 EL Aceto Balsamico oder
1 TL Zitronensaft

Das von allen kleinen Gräten befreite Lachsfilet mit einem schweren Küchenmesser feinhacken. Den weißen Teil der Frühlingszwiebeln in kleine Würfel, das zarte Grün in feine Ringe schneiden. Die Pfefferkörner grob hacken oder im Mörser zerstoßen.

Alle Zutaten gründlich miteinander vermischen und auf 4 Tellern anrichten. Es sieht gut aus, wenn in die Mitte des Lachstatars ein Eßlöffel russischer Kaviar gesetzt wird (bei weißfleischigem Fisch erfüllt Lachskaviar den gleichen Zweck). Sehr dekorativ wirkt auch ein kleiner Salat von gekochten jungen Algen oder frische Kresse, die das Lachstatar umrandet.

Beilage: Blinis, Vollkornbrötchen oder Nußbrot

Getränke-Empfehlung: Ein Glas Champagner oder ein Gläschen Wodka

Kaviar

Hier soll kein langes Traktat über die kostbaren Störeier erscheinen. Unmöglich aber auch, Kaviar auszulassen, wenn es um meine maritimen Lieblingsrezepte geht. Wer ein Krösus ist und seine Freunde zu »Kaviar satt« einladen kann, hat sowieso kein Problem. Er braucht kein Kochbuch. Er läßt sich – möglichst vor seinen Augen – die benötigte Kaviarmenge im besten Fachgeschäft aus der großen Originaldose in die entsprechend kleinere füllen und mit einem breiten Gummiband verschließen. In dieser Dose wird der Kaviar dann in einem Schälchen mit zerkleinerten Eiswürfeln direkt auf den Tisch gestellt. Ein kluger Kaviarverkäufer läßt übrigens den Kunden mit einem Probelöffelchen versuchen, ob der Kaviar auch ganz frisch und feucht ist. Pasteurisierter Kaviar in der Glasdose ist für einen echten Kaviaresser eine gewaltige Geschmackseinbuße. Ob man sich beim Einkauf für den großkörnigen grauen Beluga Malossol, den mittelgroßen Osetra-Malossol oder den kleinkörnigen Sevruga entscheidet, ist nicht nur eine Geldfrage. Mir schmeckt z. B. der Sevruga – halb so teuer wie der Beluga – besser als dieser. Sein Geschmack ist intensiver. Und wenn es darum geht, Blinis, Crêpes oder Kartoffelpuffer dick mit Kaviar zu bestreichen, dann nehme ich den »billigen« Preßkaviar, der aus reinen, wenn auch zerdrückten Kaviarkörnern besteht.
Daß auch der saftige rote Lachskaviar, der etwas hellere Forellenkaviar, der blasse aber wohlschmeckende Felchenkaviar vom Bodensee ganz ausgezeichnet schmeckt, wenn er ganz frisch und malossol (= mild gesalzen) ist, das beweise ich meinen Gästen gern mit meinem Kaviar-Teller, einer kleinen Mahlzeit, die immer ein voller Erfolg ist.

Bunter Kaviarteller

Die Teller erst unmittelbar vor dem Eintreffen der Gäste anrichten, Kaviar soll nicht lange mit Luft in Verbindung kommen.
Den Rand von einem großen flachen weißen Teller mit kleinen Häufchen der angegebenen Zutaten besetzen und zwar immer so, daß farbliche Gegensätze entstehen – also roter Kaviar, grüner Schnittlauch oder weiße Zwiebelchen, schwarzer Kaviar – dazwischen können auch ein paar Zweiglein grüne Kresse kommen. In die Mitte des Tellers wird die aufgerissene Pellkartoffel mit der Alufolie gesetzt, in die sich jeder nach Geschmack ein Stückchen Butter oder etwas Crème fraîche und Schnittlauch gibt (für hungrige Esser sollte man eine Platte mit geräuchertem Lachs mit auf den Tisch stellen und einige Reservekartoffeln in der Folie bereithalten). Wer seine Gäste mit einer unbekannten Kaviarsorte überraschen will, schneidet italienischen Bottarga in hauchdünne Scheiben, mischt sie mit feinstem Olivenöl und setzt ein Häufchen Bottarga mit auf den Teller.
Zu dem Kaviarteller gibt es einen trockenen Champagner und danach ein sehr zartes leichtes Cremedessert.

Zutaten für 1 Person
Zubereitungszeit: 50 Minuten (für Kartoffeln)

1 große, in Alufolie gegarte mehlige Kartoffel
je 1 EL Sevruga Kaviar, Lachskaviar (Keta-Kaviar), Forellenkaviar, Lachstatar oder Matjestatar
3 dünne Frühlingszwiebeln oder Schnittlauch
2 Butterkügelchen
1 kleines Schälchen Crème fraîche
1 EL gehacktes hartgekochtes Ei
frische Brunnenkresse

Sushi

Snacks von Reis und gebeizten Fischen

Die bei uns erst in den letzten Jahren in Mode gekommene Verzehrgewohnheit, frischen Fisch in hauchdünne Scheiben geschnitten roh zu essen, hat in Japan eine jahrhundertealte Tradition. Rohe Fischscheiben und Meeresfrüchte werden über kleine Röllchen aus säuerlich gewürztem Reis gezogen und mit Blättern und zarten Gemüsen garniert. Auf Lacktabletts schön angerichtet, kann man die Sushi als effektvolle Hors d'œuvres seinen fischliebenden Gästen vorsetzen. Mein Rezept ist natürlich nur die Grundform dieser unglaublich abwechslungsreichen Snackgerichte auf japanische Art.

Zutaten für 6 Personen
Zubereitungszeit: 2 Stunden

400 g gekochter Rundkornreis
1 EL Essig
1 EL Sojasauce
1 TL Zucker
Belag:
je 100 g ganz frischer roher, in hauchdünne Scheiben geschnittener Wolfsbarsch oder Dorade, Thunfisch, Makrele sowie Lachs
100 g Scampischwänze
100 g kleine Tintenfischbeutel

Meersalz
Essig
Ingwerwurzel
3 Noriblätter (japanischer Seetang), ersatzweise 3 Blätter Sauerampfer
30 g Lachskaviar
6 EL Sojasauce
1 EL Zucker

Den noch warmen Reis in eine Schüssel geben.
Essig, Sojasauce und Zucker miteinander verrühren und kurz erwärmen, bis sich der Zucker aufgelöst hat. Mit dem Reis vermischen und diesen dann mit einem Tuch bedeckt völlig abkühlen lassen.
Die rohen Fischscheiben in Faserrichtung in dreifingerbreite Streifen schneiden. Mit Salz, Essig und Ingwerscheiben 1 Stunde im Kühlschrank beizen lassen.
Aus Sojasauce, Zucker, geraspelter Ingwerwurzel und 4 Eßlöffeln Wasser eine leicht sirupartige Marinade kochen.
Von den Scampischwänzen den schwarzen Darm an der Oberseite auslösen und die Scampi von unten her aufschneiden, so daß man sie auseinanderklappen kann. Die gründlich gewaschenen Tintenfischkörper in Salzwasser knapp weich kochen, die Scampischwänze 3 Minuten in kochendem Salzwasser garen. Dann noch kurz in der Sojasauce ziehen lassen.
Die Scampi kann man auch – damit sie schön rosa bleiben – nur mit leicht gesüßtem Reisessig marinieren.
Aus dem Reis mit den Händen daumengroße Rollen formen und jede Rolle entweder mit einem Streifen Fisch an der Oberseite und den Seitenteilen einhüllen oder die Scampischwänze so in die Reisrolle drücken, daß der Reis ganz bedeckt ist. Die Tintenfische mit dem Reis füllen. Je 1 Sauerampferblatt, besser noch 1 Noriblatt – japanischen Seetang – auf eine kleine Bastmatte (notfalls tut es auch ein Küchentuch) legen, mit einem Reisröllchen bedecken und aufrollen. Kalt stellen und wieder auf der Serviette ausrollen. Mit einem scharfen Messer in 3 dicke Scheiben schneiden, auf eine Platte mit der Schnittseite nach oben setzen, den Reis etwas zusammendrücken und mit Lachskaviar füllen. Nach Farben geordnet in ein Lackkästchen oder auf eine runde Platte mit Rand setzen, mit ein paar Spitzen zurechtgeschnittener Blätter garnieren.
Beilage zum Eintauchen: Eisgekühlte Sojasauce, die mit geraspelter Ingwerwurzel und nach Geschmack auch mit etwas Wasser vermischt werden kann.
Getränke-Empfehlung: Vor dem Essen der Sushi leicht angewärmter Reiswein, zu den Sushi Tee evtl. auch ein Bier.

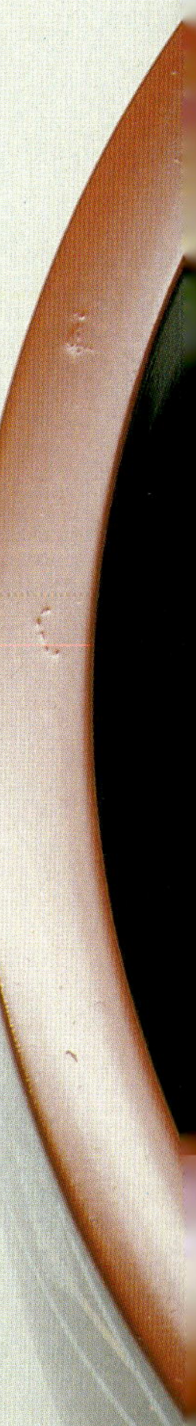

Salat von Meeresfrüchten

Insalata di frutti di mare

Foto Seite 8/9

Der Meeresfrüchtesalat ist eine ebenso erfrischende wie leichte kleine Sommermahlzeit. Wer ihn besonders pikant mag, dünstet mit den Muscheln zwei Knoblauchzehen und ein Stückchen scharfe rote Pfefferschote mit.

Zubereitungszeit: 1 Stunde
3–4 Stunden ziehen lassen

300 g möglichst kleine Tintenfische (junge Kraken, am besten schmecken die winzig kleinen *polpetielli*)
500 g Miesmuscheln, besser noch Venusmuscheln oder beide Muschelsorten gemischt
400 g kleine Garnelen oder Scampischwänze in der Schale

Meersalz
1 EL Essig
2 EL Olivenöl
2 EL gehackte Petersilie
1 Zitrone
6 EL Olivenöl
Pfeffer

Von den gründlich gesäuberten Tintenfischen die Haut abziehen. Mit einem spitzen Messer Augen, Mund und Tintenbeutel entfernen und gründlich waschen. Ganz kleine Tintenfische ganz lassen, etwas größere in Ringe schneiden.
Leicht gesalzenes Wasser mit dem Essig zum Kochen bringen und die Tintenfische darin in 8–10 Minuten knapp garkochen.
Die Muscheln aussortieren, geöffnete Muscheln wegwerfen und die Schalen schrubben. Unter fließendem Wasser waschen und auf einem Durchschlag abtropfen lassen.
Das Öl in einer tiefen Pfanne erhitzen und die Muscheln hineinschütten. Dämpfen lassen, bis sie sich öffnen. Muscheln, die sich nicht öffnen, wegwerfen. Das Muschelfleisch aus den Schalen lösen und das Muschelwasser durch ein feines Sieb geben.
Die Garnelen je nach Größe in dem Kochwasser der Tintenfische in 5–6 Minuten garziehen lassen, auf ein Sieb geben und aus den Schalen lösen.
Tintenfische, Muscheln, Garnelen und Petersilie miteinander vermischen.
Den Saft der Zitrone mit Salz verrühren, bis es aufgelöst ist. Dann unter Rühren das Olivenöl hinzufügen und 2 Eßlöffel von dem Muschelwasser. Die Marinade über die Meeresfrüchte geben und mit frisch gemahlenem Pfeffer würzen.
An einem kühlen Ort – aber nicht im Kühlschrank – 3 bis 4 Stunden durchziehen lassen.
Beilage: Frisches Weißbrot oder Landbrot
Weinempfehlung: Ein Pinot bianco aus Venetien

Matjesheringe

Eine der noch immer erschwinglichen großen Delikatessen ist der Matjeshering. Für mich gehört eine Scheibe vollkörniges Schwarzbrot mit Butter bestrichen und mit Matjes belegt, zu den vollkommenen Genüssen. Eine Freude, die man sich jetzt das ganze Jahr über gönnen kann!
Früher war die Matjessaison kurz. Im Frühsommer, wenn die jungen Heringe ganz zart und fett sind und noch keinen Ansatz von Milch und Rogen haben, fuhren die Logger direkt von der Küste auf Heringsfang. Sie kamen schon am gleichen Tag oder am nächsten mit der Beute zurück, die gleich gelöscht und eingepökelt wurde. Heute, da sich die Küstenfischerei in unseren ausgefischten Gewässern kaum noch lohnt und die Hochseekutter oft lange unterwegs sind, werden die fangfrischen Heringe gleich an Bord tiefgefroren. Sie können dann nach der Anlandung dem jeweiligen Bedarf entsprechend zum Reifen eingelegt werden.
Allerdings, wenn im Juni die ersten zarten grünen Bohnen und die jungen Kartoffeln auf den Markt kommen, dann ist für mich wie früher die wahre Saison der silbrigen Leckerbissen.

Matjestatar auf Vollkornbrot

Vor vielen Jahren habe ich in Hamburg von dem inzwischen verstorbenen Armin Scherrer im »Landhaus Scherrer« das folgende Tatar von Matjes vorgesetzt bekommen. Das war damals, als man noch keinen Fisch roh angemacht servierte, sicher der erste Schritt dazu. Heute steht Matjestatar auf vielen Speisekarten und läßt sich auch zu Hause mühelos nacharbeiten. So hat Armin Scherrer mir damals das Rezept aufgeschrieben:

Die Matjesheringe filetieren und ebenso wie die Gewürzgurke und den geschälten und entkernten Apfel in kleine Würfel schneiden. Zwiebeln oder Schalotten fein wiegen, den Schnittlauch mit einer Schere fein schneiden.
Alle genannten Zutaten mit dem Öl vermischen und mit frischgemahlenem Pfeffer abschmecken.
Die Brotscheiben in einer Pfanne in heißer Butter von beiden Seiten knusprig braten. Leicht abgekühlt halbieren und mit dem Matjestatar bedekken. Einige Zweige Brunnenkresse als Garnitur daneben legen.
Beigabe: Eine dünne Senfmayonnaise mit Dill
Getränke-Empfehlung: Ein Pils und ein klarer Schnaps

Zutaten als Vorspeise für 4 Personen,
als Abendessen für 2 Personen
Zubereitungszeit: 30 Minuten

2 Matjesheringe oder 4 Matjesfilets

1 Gewürzgurke
1 säuerlicher Apfel
4 Frühlingszwiebeln oder Schalotten
1 kleiner Bund Schnittlauch
1 EL Weizenkeimöl
Pfeffer
4 Scheiben Vollkornbrot
Butter zum Braten
Brunnenkresse als Garnitur

Matjescocktail

Bei Vetter Günter Scherrer im »Restaurant Victoran« in Düsseldorf dagegen gibt es einen delikaten Cocktail aus Matjes, der mit all den Geschmackszutaten, die wirklich zu der salzigen Delikatesse passen, zubereitet wird. (Was wird da oft in Verbindung mit Matjes und Früchten gesündigt und gemanscht!)
Der Matjescocktail sah so aus: In einer großen exotischen Muschelschale lagen auf dem zarten Perlmutt neben Streifen von einem superzarten Matjesfilet knackig gekochte grüne Algengemüse, Streifen von Roten Beten, Scheiben einer kleinen Pellkartoffel, dünne grüne Spargelspitzen, Apfelblätter, rote Zwiebelwürfel, alles portionsweise verführerisch nebeneinander angerichtet und mit einer hauchzarten Vinaigrette mit Dill angemacht. Augen und Gaumen hatten den gleichen Genuß.

EINGELEGTE BRATHERINGE – BERLINER ART

Nach dem Rezept für eingelegte Bratheringe lassen sich auch andere kleinere gebratene Fische einlegen – selbst so edle Fische wie Rotbarben (rougets) oder Saibling.

Zubereitungszeit: 30 Minuten
24 Stunden marinieren

1 kg grüne Heringe

Meersalz
4 EL Mehl
Schmalz oder Öl zum Braten
Marinade:
¼ l bester Weinessig oder Sherryessig
¼ l Wasser
1 TL Senfkörner
einige Pfefferkörner
½ TL Koriander
½ Lorbeerblatt
4 mittelgroße Zwiebeln
1 Salzgurke

Die ausgenommenen Heringe waschen, mit einem Küchentuch gut abtrocknen und mit Salz einreiben. Die Fische in Mehl wenden, überflüssiges Mehl abschütteln.
Reichlich Fett in einer Pfanne erhitzen und die Fische darin von beiden Seiten knusprig braun braten. Auf einem Küchenpapier abtropfen lassen.
Für die Marinade Essig und Wasser mit den Gewürzen aufkochen. Zwiebeln und Gurke in Scheiben schneiden. Heringe, Zwiebel- und Gurkenscheiben schichtweise in einen Steintopf legen und mit der erkalteten Marinade übergießen. Mindestens 24 Stunden durchziehen lassen.
Die Heringe in Portionsstücke zerschneiden, auf einer Platte anrichten und mit Zwiebel- und Gurkenscheiben garnieren.
BEILAGE: Knusprige Bratkartoffeln oder Vollkornbrot mit Butter
GETRÄNKE-EMPFEHLUNG: Bier

EINGELEGTE FORELLEN – TRIENTINER ART

Zutaten für 8 Personen
Zubereitungszeit: 30 Minuten
24 Stunden marinieren

8 Forellen (je 200 g), ebenso geeignet sind Sardinen

Meersalz, Mehl
Olivenöl zum Braten
1 Zweiglein Rosmarin
einige Salbeiblätter
½ Tasse Olivenöl
100 g Rosinen
1 Knoblauchzehe
1 Zwiebel
1 EL feingehackte Petersilie
2 unbehandelte Orangen
2 unbehandelte Zitronen
2 EL Aceto Balsamico
½ l Weinessig
einige Stengel frische Minze

Die Forellen gleich beim Einkauf ausnehmen lassen. Die Fische waschen und mit einem Küchenpapier trockentupfen. Mit Salz einreiben und in Mehl wenden.
Olivenöl mit Rosmarin und Salbei in zwei Pfannen erhitzen, die Kräuter herausnehmen, und die Forellen in dem gewürztem Öl goldbraun braten.
Die Rosinen in etwas warmem Wasser quellen lassen. Die Knoblauchzehe fein hacken.
½ Tasse Olivenöl erhitzen und die in Scheiben geschnittene Zwiebel darin glasig braten – nicht bräunen. Die Petersilie, Knoblauch und die feingeschnittene Schale einer halben Orange und einer halben Zitrone hinzufügen und mit dem Essig und ¼ l Wasser aufgießen. 5 Minuten kochen und dann abkühlen lassen.
Die zweite Orange und die zweite Zitrone in Scheiben schneiden.
Die Forellen, die Orangen- und Zitronenscheiben, die Rosinen und die Minzezweige in eine längliche Schüssel geben und mit dem gewürzten Essig übergießen. 24 Stunden ziehen lassen. Wenn der Essig zu scharf ist, noch mit etwas Wasser verdünnen.
BEILAGE: Weißbrot
GETRÄNKE-EMPFEHLUNG: Wegen der Säure der Marinade paßt kein Wein – zu empfehlen ist Sherry oder Bier.

Eingelegte pikante Sardinen – Spanische Art

Sardinas en escabeche

Die Sardinen mit Küchenpapier vorsichtig schuppen, auf der Bauchseite aufschneiden und ausnehmen. Waschen und auf einem leicht bemehlten Küchentuch trocknen lassen. Die Sardinen in leicht mit Salz vermischtem Mehl wenden.
Die Hälfte des Olivenöls in einer hochwandigen Pfanne erhitzen. Das Mehl von den Sardinen abklopfen, die Fische schnell in dem heißen Öl von beiden Seiten goldbraun braten und auf eine vorgewärmte Platte geben.
Das restliche Öl in die Pfanne geben und die ungeschälten Knoblauchzehen sowie die in feine Streifen geschnittenen Gemüse hinzufügen. Bei leichter Hitze mehr dünsten als braten und mit dem Essig und 6 Eßlöffeln Wasser aufgießen.
Die Kräuter und Gewürze daruntermischen und alles zusammen bei leichter Hitze 10–15 Minuten kochen lassen. Mit den beiden frischgemahlenen Pfefferschoten abschmecken. Erkalten lassen.
Die Sardinen in eine längliche Schüssel geben und mit dem gewürzten Essig übergießen. 2 Tage im Kühlschrank durchziehen lassen.
Beilage: In Spanien stehen die pikant eingelegten Sardinen als »tapas« – kleine Häppchen zum Sherry – in den Bodegas bereit.

Zubereitungszeit: 45 Minuten
2 Tage marinieren lassen

1 kg mittelgroße frische Sardinen

Mehl
Meersalz
⅛ l Olivenöl
4 Knoblauchzehen
1 Möhre
2 Zwiebeln
⅛ l Weinessig
1 Zweiglein Thymian
1 Zweiglein Rosmarin
2 kleine scharfe Pfefferschoten
½ Lorbeerblatt
2 Stengel Petersilie
Cayennepfeffer
schwarzer Pfeffer

Schnelle Lachspastete

Foto Seite 8/9

Hiermit verrate ich Ihnen eines meiner Erfolgsrezepte – die schnelle Pastete aus Räucherlachs und Stör. Als ich sie das erste Mal bei Jean Jacques Jouteux im Restaurant »Les Semailles« in Paris kostete, glaubte ich, daß es sich dabei um ein höchst kompliziertes Rezept handelt. Als mir der junge kreative Koch dann das Rezept aufschrieb und ich es zu Hause ausprobierte, war ich verblüfft: Die Lachspastete ist mühelos in 20 Minuten in der Küchenmaschine zubereitet (am Vortag) und kommt dann nur noch in den Kühlschrank. Délicieux!

Die Räucherfische werden gehäutet und entgrätet.
Den Lachs in einer Küchenmaschine zu einer glatten Creme pürieren und in eine Schüssel geben. Dann das Fleisch von Stör, Forelle oder Aal ebenfalls im Mixer zu einer Creme pürieren und in eine zweite Schüssel füllen.
Die Crème fraîche zu Schlagsahne schlagen und zu gleichen Teilen mit den beiden Räucherfischpürees vermischen. In eine kleine längliche, eckige Pastetenform (oder eine mit Alufolie ausgelegte Kastenform) mit einem Eßlöffel die Lachscreme geben und glattstreichen. Den Kaviar als dicken Streifen auf die Mitte der Lachscreme setzen und mit der Räucherfischcreme bestreichen. Im Kühlschrank 6 Stunden fest werden lassen.
Die Form 1 Sekunde in kochendes Wasser halten und die Lachspastete stürzen. Mit einem angewärmten Messer in 6–8 Scheiben schneiden.
Mit Brunnenkresse garniert auftragen.
Mit Blinis und einem Wodka servieren.

Zutaten für 6–8 Personen
Zubereitungszeit: 20 Minuten
am Vortag zubereiten

250 g geräucherter Lachs
250 g geräucherter Stör (ersatzweise geräucherte Forelle oder filetierter Räucheraal)

¼ l Crème fraîche
50 g Kaviar (russischer Kaviar oder Lachskaviar)
Brunnenkresse zum Garnieren

Cocktails von Meeresfrüchten

Je edler und frischer die Krustentiere, desto beklagenswerter finde ich es, sie in Mayonnaise zu ertränken. Mit einer leichten Vinaigrette bleibt der Eigengeschmack viel besser erhalten. Aber wenn schon Mayonnaise, dann nur eine selbst angerührte mit feinstem Olivenöl und Zitronensaft. Und die sollte man in einem Schälchen neben die ausgelösten Krustentiere stellen, so daß sich jeder selbst die ihm zusagende Mayonnaisenmenge zuteilen kann.
Warum ich trotzdem einen Cocktail mit Mayonnaise geschrieben habe? Weil meine Enkel leidenschaftliche Liebhaber von Krevetten- oder Garnelencocktails sind und darauf bestanden haben, daß ein Rezept dafür in das Buch der Lieblingsrezepte gehört!

Garnelencocktail

Zubereitungszeit: 15 Minuten
die Garnelen 30 Minuten marinieren

300 g ausgelöste Garnelen, ebenso geeignet sind gekochte Krabben, Langustinenschwänze, Hummerfleisch

2 EL Aceto Balsamico
2 EL Mayonnaise
1 EL Cognac oder 1 EL Orangensaft
1 TL Tomatenketchup
3 EL geschlagene Sahne
4 gekochte Wachteleier
einige Blätter Eisbergsalat und eine Handvoll gekochte grüne Algen (können fortgelassen werden)
2 EL Lachskaviar

Die Garnelen in einer Schüssel mit dem Aceto Balsamico vermischen und 30 Minuten durchziehen lassen.
Die Mayonnaise mit dem Cognac oder dem Orangensaft und mit dem Tomatenketchup verrühren und leicht die Schlagsahne darunterziehen. Die Wachteleier schälen und halbieren. Den Eisbergsalat in ganz feine Streifen schneiden, die grünen Algen in 5 cm lange Stücke. Die Algen wenige Sekunden in Salzwasser pochieren.
Die Garnelen auf ein Sieb geben, den abgetropften Saft mit den Salatblättern vermischen. Die Garnelen und die Algenstücke mit der Sahne-Mayonnaise vermischen.
4 Cocktailschalen mit den Salatstreifen auslegen, die angemachten Garnelen darüberhäufen und mit je 2 Hälften der Wachteleier und etwas Lachskaviar garnieren.
Beilage: Vollkornbrötchen
Getränke-Empfehlung: Ein klarer Schnaps

HUMMER UND LANGUSTEN

Es gibt die raffiniertesten Zubereitungsarten für Hummer und Langusten. Aber wenn wir uns zu Hause eines dieser kostspieligen Krustentiere leisten, bereiten wir es ganz einfach »nature« zu, in einer »court-bouillon« gekocht, lassen es in dem Sud abkühlen und genießen es dann – noch leicht lauwarm – mit einer selbst angerührten Mayonnaise. Oder aber wir grillen den halbierten Hummer oder die Languste und geben nur zerlassene Estragonbutter darüber. Dazu essen wir ganz frisch getoastetes Landbrot und es wird eine Flasche eisgekühlter edler Riesling von der Mosel oder ein Chablis als ebenbürtige Begleitung geöffnet. Ein Fest!
Die idealen Kochzeiten für Hummer und Langusten sind Geschmackssache. Man rechnet für einen Hummer von etwa 700 g 10–12 Minuten Kochzeit, für eine Languste von 500 g 7–9 Minuten, je nachdem, ob das Fleisch noch etwas glasig sein soll oder ganz durchgekocht. Bei längeren Kochzeiten wird das Fleisch der Krustentiere faserig. Das Rezept für gegrillten Hummer oder Languste steht auf Seite 107.

Kochbrühe für Krustentiere

Für 2 Hummer

Zubereitungszeit: 25 Minuten

2,5 l Wasser
0,75 l Weißwein
1 Knoblauchzehe
1 mit 2 Nelken gespickte Zwiebel
1 Gewürzsträußchen (½ Lorbeerblatt, 2 Zweiglein Thymian, einige Stengel frische Petersilie, 1 Stückchen Orangenschale)
2 Möhren
2 Stengel Stangensellerie
1 kleine Stange Lauch
¼ Fenchelknolle
40 g Meersalz
Pfeffer
½ TL Zucker
1 Stückchen frische Ingwerwurzel
1 EL gehackte Petersilie
1 unbehandelte Zitrone

Das Wasser mit dem Wein in einen größeren Kochtopf geben (je nach Größe der zu kochenden Krustentiere) und mit der Knoblauchzehe sowie der Zwiebel und dem Gewürzsträußchen zum Kochen bringen. Die in Streifen geschnittenen Möhren und die in Stücke geschnittenen Selleriestangen hinzufügen. Das Weiße des Lauchs in fingerdicke Stücke, das Grün in Streifen schneiden, die Fenchelknolle ebenfalls in Streifen schneiden und alles in die Brühe geben. Bei leichter Hitze etwa 15 Minuten kochen lassen, bis das Gemüse gar, aber noch *al dente* ist. Mit Salz, frisch gemahlenem Pfeffer und Zucker würzen.
Die gründlich gewaschenen Krustentiere nacheinander mit dem Kopf zuerst in die würzige kochende Brühe legen. Den Topf mit einem Deckel verschließen, die Hitze reduzieren und je nach erforderlicher Garzeit darin garkochen. Die Krustentiere aus der Kochbrühe nehmen. Wenn die Krustentiere kalt verwendet werden, läßt man sie in der Brühe erkalten – dann kann die Kochzeit leicht verkürzt werden.
Die feingehackte Ingwerwurzel, die Petersilie und die in Scheiben geschnittene Zitrone zu der Brühe geben und kurz aufkochen lassen.
Man gibt die Hälfte der duftenden Brühe in eine Suppenterrine, legt die gekochten, halbierten Krustentiere hinein und übergießt sie mit der restlichen Brühe.
Weinempfehlung: Für große Krustentiere wie Hummer und Langusten sowie für Krebse Champagner oder edle trockene Weine wie Chablis, für kleinere Krustentiere wie Langustinen (Scampi) und Garnelen leichte trockene Weißweine oder Roséweine.

Mayonnaise

Zubereitungszeit: mit der Hand 20 Minuten, in der Küchenmaschine 3 Minuten

2 Eigelb
Salz
¼ l Olivenöl
1 EL Zitronensaft

Das Eigelb mit dem Salz mit einem Schneebesen 3 Minuten verrühren. Dann ganz langsam nach und nach unter ständigem Weiterrühren etwas Olivenöl hinzugeben. Wenn die Eimasse dick zu werden beginnt, einige Tropfen Zitronensaft hinzufügen. Dann wieder weiter das Öl unterrühren, ein paar Tröpfchen Zitronensaft und so fort, bis Öl und Zitronensaft verbraucht sind.
Wird die Mayonnaise in der Küchenmaschine zubereitet, verwendet man ein ganzes Ei. Ei, Salz und etwas Zitronensaft werden im Mixer verschlagen, dann gießt man das Öl langsam durch die kleine Öffnung im Deckel bei laufendem Motor hinzu.
Die Mayonnaise ist in 2–3 Minuten fertig.

Feldsalat mit Jakobsmuscheln und Spargel

Die frischen geschlossenen Muscheln in ein Dampfsieb geben und 3 Minuten über Wasser dämpfen, bis sie sich öffnen. Das weiße Muschelfleisch und den rötlichen Rogen *(corail)* mit einem scharfen Messer herauslösen. Tiefgekühlte Muscheln auftauen lassen.
Das Dampfsieb mit einigen Salatblättern auslegen, Muschelfleisch und den rötlichen *corail* hineingeben. In 6–7 Minuten gardämpfen. Waschen, abtropfen lassen und in feine Scheibchen schneiden.
Wurzelenden des Feldsalats so abschneiden, daß die Pflänzchen noch zusammenhalten. Gründlich waschen. In einem Salatsieb trockenschleudern.
Die knackig gekochten Spargelspitzen auf einem Sieb abtropfen lassen.
Für die Vinaigrette Zitronensaft, Wein und Salz mit einem Schneebesen so lange verrühren, bis das Salz aufgelöst ist. Unter ständigem Weiterrühren das Öl hinzufügen. Zum Schluß Pfeffer, Dill und die feingehackte Schalotte unterrühren.
Jakobsmuscheln, Spargelspitzen und Feldsalat in eine Schüssel geben und gut mit der Salatsauce vermischen.
Beilage: Frisches Landbrot, Butter
Weinempfehlung: Pouilly-Fumé von der Loire

Zubereitungszeit: 30 Minuten

8 frische oder tiefgekühlte Jakobsmuscheln, ebenso geeignet sind in Wein gekochte ausgelöste Muscheln

einige Salatblätter
100 g kleinblättriger Feldsalat
300 g gekochte Spargelspitzen (mit grünen Köpfen)
Vinaigrette:
1 EL Zitronensaft
2 EL Weißwein
Meersalz
3 EL Olivenöl
2 EL Pflanzenöl
frischgemahlener Pfeffer
1 TL gehackter Dill
1 Schalotte

Langustensalat mit Mango

Foto Seite 8/9

Den Salat gut waschen und in einem Salatsieb trockenschleudern. Den Endiviensalat in Streifen schneiden, die Radicchioblätter voneinander lösen.
Die Möhren putzen, waschen und der Länge nach halbieren. In feine Scheibchen schneiden. In leicht gesalzenem Wasser 4 Minuten blanchieren.
Die Orange heiß waschen, dünn schälen und die Schale in ganz feine Streifen schneiden. In einer Kasserolle mit Wasser bedeckt kurz aufkochen. Mit kaltem Wasser abspülen und abtropfen lassen. Schalotten fein hacken.
Den Essig mit Salz und frischgemahlenem Pfeffer verrühren, bis das Salz aufgelöst ist. Unter weiterem Rühren mit einem kleinen Schneebesen nach und nach das Öl hinzufügen, so daß eine glatte Sauce entsteht. Zum Schluß die Schalottenwürfel und die Kräuter unter die Vinaigrette mischen.
Die Languste mit einem scharfen Messer halbieren, das Fleisch herauslösen, in Scheiben schneiden und in eine Kasserolle geben. 6 Teelöffel Vinaigrette daruntermischen. Die Mangofrucht schälen, das Fruchtfleisch in Spalten und dann in Streifen schneiden. Basilikum waschen und in feine Streifen schneiden. Alle Salatzutaten, bis auf die Langusten und die Mango, in eine Schüssel geben und mit der restlichen Vinaigrette vermischen. Auf vier Tellern anrichten.
Die Langustenscheiben in der Kasserolle ganz leicht erwärmen und kurz vor dem Servieren mit der Vinaigrette lauwarm über den Salat geben. Die Mangostreifen als Farbflecken auf den Salat geben.
Beilage: Knusprige Baguette
Getränke-Empfehlung: Champagner

Zubereitungszeit: 30 Minuten

1 frisch gekochte Languste (600 g), ebenso geeignet sind Hummer, Langustinen oder Krebse

300 g gemischter Salat (je einige Blätter krauser Endiviensalat, Rauke, Feldsalat, Kresse, 1 Radicchio, evtl. einige Blätter Sauerampfer)
2 Möhren
1 unbehandelte Orange
1 reife Mangofrucht (400 g)
1 Sträußchen Basilikum
Vinaigrette:
1 EL Weinessig
1 EL Aceto Balsamico
Meersalz, Pfeffer
2 EL Olivenöl und 4 EL Pflanzenöl
2 Schalotten
1 EL Schnittlauch, Petersilie und Kerbel

WARME VORSPEISEN

Viele der warmen Vorspeisen in diesem Kapitel sind eigentlich kleine Mahlzeiten, die, in entsprechender Menge zubereitet, leicht zu Hauptgerichten werden können. Und es sind gerade diese raffinierten kleinen Köstlichkeiten der Meeresküche, die heute für informelle Einladungen bei Gästen wie Gastgebern beliebter sind als große Menüs.
Lassen Sie mich mit den echten Vorspeisen beginnen, und zwar, wie im vorausgegangenen Kapitel, mit den Austern. Da lebende Austern zu schlucken nicht jedermanns Sache ist, kann man diese Delikatessen auch warm servieren, etwa in einem leichten Teig ausgebacken, mit einer pikanten Sauce gratiniert oder, nur pochiert, unter einen Salat gemischt. Die unterschiedlichen Möglichkeiten, Schalentiere zuzubereiten, sind immer wieder ein neuer Anreiz für die Kreativität der Köche. Das gilt z. B. auch für die leicht süßen Jakobsmuscheln, für die es unzählige Rezepte gibt. Sie sind mit ihrem weißen Muschelkern und dem orangeroten Corail in ihrer schönen Schale schon beim Auftragen eine Augenweide, ob von einer raffinierten Sauce begleitet, in Safranbrühe pochiert oder kurz gratiniert. Aber selbst einfache Pfahlmuscheln können zu Leckerbissen werden: Die Großen füllt und überbäckt man, die Kleineren, Feinen löst man aus und häuft sie in einer pikanten Sauce auf in Öl ausgebackene Landbrotscheiben. Wichtig ist, daß alle Muschelgerichte auf den Punkt gegart werden.
Zu den warmen Appetithäppchen zum Cocktail oder als Begleitung zu einem Glas Wein gehören auch ausgebackene Fische und Meeresfrüchte, wie etwa japanische Tempura: Streifen von Fisch, kleine Meeresfrüchte und Gemüse werden, in einen lockeren Teig gehüllt, ausgebacken. Krevettenhäppchen mit Sesamkruste sind bei meinen Gästen so beliebt, daß ich immer eine doppelte Portion zubereite.
Kleine noble Gerichte, die sich gut vorbereiten lassen, sind Ragouts von Krustentieren oder Edelfisch – besonders fein, wenn sie mit Morcheln oder Spargelspitzen vermischt sind. Sie werden mit ihrer cremigen Sauce in kleine oder große Blätterteigpasteten oder zwischen Blätterteigscheiben gefüllt. Die Pasteten sind beim Bäcker oder Konditor zu haben, die Schnitten aus tiefgekühltem Blätterteig schnell daheim gebacken. Vor dem Füllen wird das Blätterteiggebäck dann noch kurz im Backofen erhitzt, damit es schön warm und knusprig auf den Tisch kommt. Der so beliebte ganze Fisch in Blätterteig gehört nicht zu meinen Lieblingsgerichten, denn selbst der edelste Wolfsbarsch wird dabei leicht weich und pappig. Da sind Blätterteigtaschen, mit einer Fischfarce gefüllt, pikanter und obendrein müheloser zubereitet.
Es gibt zahllose Rezepte für Füllungen von salzigen Torten und Quiches mit Fischen und Meeresfrüchten. Man kann diese so beliebten kleinen Mahlzeiten vom Tortenblech schon am Vortag zubereiten, sofort einfrieren und am nächsten Tag nur noch kurz im Backofen erhitzen.
Die hochempfindlichen Soufflés dagegen werden erst dann in den Backofen geschoben, wenn alle Tischgäste bereits eingetroffen sind. Ich habe für Sie ein Rezept für ein Soufflé aufgeschrieben, das nicht schon auf dem Weg von der Küche zum Eßtisch zusammenfällt, und das Sie mit den verschiedensten Fischen zubereiten können.
Leider reicht der Platz in diesem Buch nicht aus für die Rezepte der vielen zarten Quenelles, Mousses und Flans, die sich so gut aus Fischfarcen herstellen lassen.
Die Beliebtheit der kleinen Krustentiere, ob sie nun Langustinen, Garnelen, Hummerkrabben oder Scampi genannt werden, wächst ständig. Auch das Angebot aus immer ferneren Kontinenten wird ständig größer, wenn es auch meistens tiefgekühlt bei uns eintrifft. Aber, vor allem warm serviert – ausgebacken, gebraten oder gegrillt – überstehen sie den Kälteschock wesentlich besser als Hummer und Langusten.

Ausgebackener Klippfisch – Römische Art

In knusprigen Teig gehüllte ausgebackene Stückchen von saftigem Klippfisch gelten im südlichen Europa – von Rom bis Lissabon – als besonderer Leckerbissen, als Appetitanreger oder als Begleitung zu einem Glas Wein.

Den Klippfisch in 2–3 Stücke schneiden und in reichlich Wasser 24 Stunden einweichen, dabei das Wasser hin und wieder erneuern.
Danach mit einem scharfen Messer oder einer Küchenschere die Fischstücke in kleine Portionsstücke schneiden. 5 Minuten in Wasser pochieren, das Wasser soll nur simmern, nicht kochen.
Das Mehl in eine Schüssel geben und unter Rühren mit einem Schneebesen das Ei, die Milch und das Bier hinzugeben, so daß ein dickflüssiger Teig entsteht.
Das Ausbacköl in einem Topf erhitzen. Jeweils ein Stück Klippfisch so in dem Ausbackteig wenden, daß es ganz von der Teighülle bedeckt ist.
Nacheinander im Ausbackfett (bei 160°) von beiden Seiten goldgelb backen, mit einem Schaumlöffel herausholen und auf einem Küchenpapier abtropfen lassen. Warmstellen.
Auf einer vorgewärmten Platte anrichten und mit Zitronenspalten garniert heiß servieren.
Weinempfehlung: Ein weißer Landwein (aus südlichen Provinzen)

Zubereitungszeit: 35 Minuten
Klippfisch am Vortag wässern

500 g Klippfisch

150 g Mehl
1 Ei
½ Glas Milch
½ Glas Bier
Olivenöl zum Ausbacken
Zitronenspalten

Gratinierte Austern in Currysauce

Zu den Spezialitäten des Restaurants »Vivarois« in Paris gehören die Austern in Currysauce.

Die Austern unter heißem fließenden Wasser sorgfältig waschen. Prüfen, ob alle Austern noch verschlossen sind. Die Schalen vorsichtig am unteren Ende mit einem Austernmesser öffnen, die Austern von der Oberschale ablösen und das in den Schalen enthaltene Wasser durch ein Sieb abgießen. Die Austern herauslösen, dabei den Bart zurücklassen.
Den gut gewaschenen Spinat tropfnaß erhitzen, bis er zusammenfällt. Auf einem Durchschlag abtropfen lassen. Mit der Sahne kurz aufkochen und mit Salz abschmecken. In die Hälfte der Austernschalen verteilen.
Für die Sauce die Eigelb mit der Sahne in eine Schüssel geben und in ein Wasserbad setzen. Mit einem Schneebesen ständig schlagen, bis Eigelb und Sahne eine cremige Masse bilden. Unter weiterem Schlagen die Butter in Flöckchen hinzufügen. Mit Pfeffer und dem in Butter kurz angerösteten Curry abschmecken.
Das Austernwasser erhitzen, die Austern darin nur bis zum Kochen bringen und abtropfen lassen. Auf den Spinat in den Schalen legen und mit der Currysauce bedecken. Mit Paprika bepudern.
Ganz kurz im heißen Backofen oder Grill gratinieren.
Beilage: Knusprige Baguette
Weinempfehlung: Chablis

Zubereitungszeit: 45 Minuten

18–24 große frische Austern
(Größe 6 = 100 g)

500 g junger Blattspinat
6 EL Sahne
Meersalz
Currysauce:
3 Eigelb
3 EL Sahne
200 g geschmolzene Butter
Pfeffer
1 TL scharfes Currypulver
1 EL Butter
1 TL Paprikapulver

Tempura – Ausgebackene Meeresfrüchte und Gemüse

In Japan werden kleine Meeresfrüchte und Fische in einem ganz zarten Ausbackteig gehüllt gebacken – das schmeckt nicht nur vorzüglich, sondern sieht auch verführerisch aus. Die Mischung für den Tempurateig kann man in Fachgeschäften auch in Paketen fertig kaufen.

Zutaten für 6 Personen
Zubereitungszeit: 1½ Stunden

6 ausgelöste Schwänze von Garnelen oder Langustinen (das Schwanzende zum Anfassen dranlassen)
2 Filets von einer Dorade
6 kleine Meerbarben
einige ausgelöste Jakobsmuscheln

1 Aubergine oder 2 Zucchini
einige Champignons
6 Spargelspitzen
3 kleine Frühlingszwiebeln
Öl zum Ausbacken
Teig:
1 Ei
200 ml eiskaltes Wasser
125 g Weizenmehl
Sauce:
⅛ l Fischfond
8 EL Sojasauce
6 EL Sake (japanischer Reiswein)
1 EL Zucker
1 Stückchen frische Ingwerwurzel

Von den Garnelenschwänzen mit einem spitzen Messer den kleinen schwarzen Darm an der Oberseite entfernen. Die Doradenfilets in Streifen schneiden, die kleinen Fische – wenn nötig – schuppen und ausnehmen. Ebenso wie die Jacobsmuscheln waschen und mit einem Küchentuch trockentupfen. Die Aubergine oder die Zucchini in Scheiben schneiden, die Champignons putzen, waschen und ebenfalls in Scheiben schneiden. Die Frühlingszwiebeln der Länge nach teilen. Die Spargelspitzen waschen und abtrocknen. Alle Zutaten 30 Minuten in den Kühlschrank stellen.
Aus Ei, Wasser und Mehl einen glatten Ausbackteig herstellen.
Für die Sauce Fischfond, Sojasauce, Sake und Zucker miteinander verrühren, bis der Zucker aufgelöst ist. Die geschälte Ingwerwurzel auf der feinen Seite der Rohkostscheibe raspeln und unter die Sauce mischen.
Reichlich Öl in einer Friteuse oder in einem Wok erhitzen.
Nacheinander die Gemüse, Fische und Krustentiere in den Ausbackteig tauchen und schnell nacheinander in dem Öl goldgelb backen. Warmstellen. Auf einer vorgewärmten Platte hübsch anrichten oder gleich portionsweise auftragen, damit alle ganz heiß gegessen werden können.
Wenn man einen kräftigen Rechaud und einen dazu passenden Kupfertopf hat, können sich die Gäste selbst die Zutaten in den Ausbackteig tauchen und ausbacken, wie beim Fondue.
Die Sauce kurz erhitzen und in 6 Schälchen füllen. Jeder taucht sich die knusprige Tempura vor dem Essen in die pikante Sauce.
Getränke-Empfehlung: Trockener Weißwein oder Bier oder Tee

Krevettenhäppchen mit Sesam – Chinesische Art

Appetithäppchen zum Apéritif
für 8 Personen
Zubereitungszeit: 20 Minuten

400 g ausgelöste Krevetten oder Krabben

1 TL Meersalz
4 TL Speisestärke
4 Eiweiß
6 Brötchen vom Vortag oder
1 dünnes Meterbrot
100 g Sesamsamen
Öl zum Ausbacken

Das Krevettenfleisch in einer Küchenmaschine nicht zu fein pürieren. Mit Salz, Speisestärke und 2 Eßlöffeln Wasser vermischen. Die Eiweiß steif schlagen und gründlich mit der Krevettenmasse verrühren.
Die Brötchen oder das Brot in Scheiben schneiden. Die Scheiben dick mit der Krevettencreme bergartig bestreichen und in den Sesamsamen wenden.
Reichlich Öl in einer Pfanne erhitzen und die Häppchen – mit der Brotseite nach oben – 1 Minute ausbacken, dann wenden und eine weitere Minute backen. Aus dem Fett nehmen und auf einem Küchenpapier abtropfen lassen.
Auf einer vorgewärmten Platte anrichten und heiß auftragen.

WEISSWURST VON MEERESFRÜCHTEN MIT SENFSAUCE

Würste mit Hecht- und Krebsfüllung kannte man schon vor 200 Jahren – sie sind nur ganz in Vergessenheit geraten. Auch waren sie nicht von der pikanten zarten Leichtigkeit der Meeresfrüchte-Weißwürste von Otto Koch vom Restaurant »Le Gourmet« in München. Die erforderlichen Schafsaitlinge zum Füllen bekommt man in Fachgeschäften oder man bittet seinen Metzger, sie zu beschaffen, wenn man seine Freunde mit diesem ungewöhnlichen Leckerbissen erfreuen will.

Die Fische beim Einkauf filetieren lassen. Kopf, Gräten und Flossen für den Sud mitnehmen.
Die Fischabfälle waschen und mit den Gewürzen und dem feingeschnittenen Suppengrün in 2¼ l Wasser zugedeckt 20 Minuten kochen lassen. Die Fischbrühe durch ein Sieb geben.
Das Fischfleisch und die geschälten Hummerkrabben portionsweise in einer Küchenmaschine pürieren. Salz und die Gewürze hinzufügen, noch einmal portionsweise pürieren und nach und nach das Eiweiß hinzufügen.
Die Fischmasse in eine große Schüssel geben. Die Sahne langsam mit einem Holzlöffel mit der Masse vermischen. Die Petersilie darüberstreuen und noch einmal abschmecken. Das Fischbrät in einen Spitzbeutel mit großer Öffnung füllen und in die Schafsaitlinge spritzen. Mit Hilfe eines Baumwollfadens etwa 10 cm lange Würste abbinden.
Die »Weißwürste« in heißem Salzwasser in 5 Minuten garziehen lassen. Sie dürfen nicht kochen. Anschließend in kaltes Salzwasser geben.
Für die Senfsauce die Zwiebeln schälen und kleinschneiden. Die geputzten Champignons in Scheiben schneiden.
Zwiebelwürfel und Champignonscheiben zusammen mit den Estragonblättern, dem Wein und 2 l Fischfond zum Kochen bringen. Um die Hälfte einkochen lassen. Die Crème double darunterrühren und erneut um die Hälfte einkochen. Durch ein feines Sieb streichen.
Den Dijonsenf mit der Sauce gründlich vermischen. Die Butter in Flöckchen unter ständigem Schlagen mit einem Schneebesen in die Sauce geben. Die Sauce darf dabei nicht mehr kochen. Zum Schluß die steifgeschlagene Sahne unterziehen, die Sauce soll leicht cremig sein.
Die Weißwürste enthäuten, auf Wasserdampf erwärmen und mit der Senfsauce überziehen.
Otto Koch richtet seine »Weißwürste« auf Wirsingpüree an, übergießt sie mit der Senfsauce und umkränzt sie mit geschmorten Tomatenwürfeln.
BEILAGE: Französisches Weißbrot
WEINEMPFEHLUNG: Chablis

Zutaten für 8–10 Personen
Zubereitungszeit: 2 Stunden

Würste:
800 g ausgelöstes Fischfilet
(z. B. Zander, Steinbutt, Lotte etc).
200 g rohe Hummerkrabben
Meersalz
Pfeffer
Muskat
10 Eiweiß
0,4 l Sahne
4 EL gehackte Petersilie
eingeweichte Schafsaitlinge
(Ø 22 mm)
Sud:
Kopf, Gräten und Flossen der Fische
1 mit 1 Nelke gespickte Zwiebel
1 Bund Suppengrün
einige Pfefferkörner
2¼ l Wasser
Sauce:
300 g Zwiebeln
150 g Champignons
15 Estragonblätter
1 l trockener Weißwein
1½ l Crème double
4 EL Dijonsenf
50 g Butter
⅛ l Sahne

Jakobsmuscheln in Safransauce

Jakobsmuscheln sind besonders dekorativ, wenn sie in ihrer schönen Schale angerichtet werden. Liebhaber dieser sanften feinen Muscheln schätzen sie auch einfach ausgelöst in der eigenen Kochbrühe. Die Zubereitung ist wie im folgenden Rezept, nur wird die Kochbrühe mit den Gemüsen statt für die Sauce verwendet zu werden, direkt über die gekochten Muscheln gegossen.

Zubereitungszeit: 45 Minuten

12 mittelgroße Jakobsmuscheln

1 Möhre
1 kleine Stange Lauch
1 Schalotte
2 g Safranfäden
2 Gläser Wasser
1 Glas trockener Weißwein
Meersalz
1 Kräutersträußchen (1 Stengel Petersilie, 1 Zweiglein Thymian, 1 Stengel Fenchel)
1 EL Sahne
100 g Butter
250 g grobes Meersalz zum Anrichten
schwarzer Pfeffer

Die Jakobsmuscheln gleich beim Einkauf auslösen lassen, die Muschelschalen mitnehmen. Tiefgekühlte Muscheln auftauen lassen.
Die Möhre und die Stange Lauch in feine Streifen schneiden, die Schalotte in kleine Würfel. Die Safranfäden im Mörser zerstoßen.
Das Wasser und den Wein mit Salz und Safran in einem Schmortopf zum Kochen bringen, das Gemüse und das Kräutersträußchen hinzufügen und 10 Minuten kochen lassen. Die ausgelösten Jakobsmuscheln ohne die rötlichen *corails* hinzufügen und 4 Minuten weiterkochen.
Inzwischen acht Muschelschalen gründlich schrubben und von noch anhängenden Muskelteilen befreien. Abtrocknen und mit etwas von der Butter ausstreichen. Auf eine Platte mit grobem Meersalz setzen, damit die Muscheln einen festen Stand haben. Hat man keine Muschelschalen, werden kleine feuerfeste Portionsschalen verwendet.
Das Kräutersträußchen aus der Kochbrühe herausfischen. Mit einem Schaumlöffel das Gemüse herausnehmen und in die Muschelschalen füllen. Die Jakobsmuscheln der Dicke nach quer durchschneiden und je 3 Hälften auf das Gemüse legen. Die *corails* hinzufügen. Mit einer Alufolie bedecken und warmstellen.
Den Sud durch ein Sieb geben und bei starker Hitze 10 Minuten stark einkochen lassen. Die Sahne hinzufügen, von der Kochstelle nehmen und unter Schlagen mit einem Schneebesen die Butter in kleine Flöckchen mit der Sauce vermischen. Mit Salz und frischgemahlenem Pfeffer abschmecken. Die Sauce über die angerichteten Jacobsmuscheln gießen und sofort heiß servieren.
Weinempfehlung: Ein weißer piemontesischer Gavi di Gavi

Muscheln – Rochelaiser Art

Les moules a la rochelaise

Zubereitungszeit: 45 Minuten

1,5 kg Miesmuscheln (Pfahlmuscheln)

1 Glas trockener Weißwein
4 Schalotten
1 Knoblauchzehe
1 Bund Schnittlauch
100 g frische Champignons
2 Stangen Sellerie
1 EL Butter
1 EL Öl
2 EL frischgeriebene Semmelbrösel
Meersalz
Pfeffer
etwas geriebene Muskatnuß

Die Muscheln sorgfältig verlesen und alle geöffneten Muscheln wegwerfen. Gründlich unter fließendem Wasser bürsten, von den »Bärten« befreien und waschen. Auf einem Durchschlag gut abtropfen lassen.
Den Wein in einem großen flachen Schmortopf mit zwei grobgehackten Schalotten erhitzen. Die Muscheln hinzuschütten und kochen lassen, bis sie sich öffnen. Von jeder Muschel die obere Hälfte ablösen, aber aufpassen, daß das Muschelwasser in der unteren Hälfte erhalten bleibt.
Die beiden restlichen Schalotten und die Knoblauchzehe in kleine Würfel schneiden, den Schnittlauch in kleine Ringe. Die geputzten Champignons und die Selleriestangen ebenfalls in kleine Stückchen schneiden.
Unmittelbar vor dem Servieren Butter und Öl in einer Pfanne erhitzen, die Muscheln hineingeben und unter vorsichtigem Schütteln der Pfanne erwärmen. Die vorbereiteten Gemüse hinzufügen sowie den Schnittlauch und zum Schluß die Semmelbrösel. Salzen, herzhaft pfeffern und mit Muskat abschmecken. Auf einer vorgewärmten großen Platte anrichten und sofort auftragen.
Beilage: Knusprige Baguette
Weinempfehlung: Muscadet oder ein trockener französischer Landwein

Fischsouffle mit Muschelfüllung

Natürlich kann man dieses delikate Fischsoufflé auch mit Edelfischen zubereiten, aber gerade der kräftige Kabeljau macht diese feine Vorspeise besonders wohlschmeckend. Das Soufflé läßt sich gut stürzen.

Zubereitungszeit: 1 Stunde

300 g Kabeljaufilet, ebenso geeignet ist Schellfisch, Schollenfilet oder Heilbutt

Saft von 1 Limette
1 EL feingeschnittener Schnittlauch
1 EL gehackter Dill
Butter
1 TL gehackte Schalotten
1 Glas Weißwein
1 Lorbeerblatt
2 Stengel Petersilie
Meersalz
Pfeffer
2 Eier
100 g Crème double
3 Eiweiß
32 gesäuberte Miesmuscheln
Sauce:
100 g Crème double
2 EL Butter

Das Kabeljaufilet in Streifen schneiden. In der Küchenmaschine nicht zu fein pürieren. Die Fischmasse mit dem Limettensaft beträufeln, mit Schnittlauch und Dill bestreuen und zugedeckt in den Kühlschrank stellen.
Etwas Butter in einem Topf zerlassen und die Schalottenwürfel glasig dünsten. Mit dem Wein aufgießen. Das Lorbeerblatt, die Petersilie, Salz und Pfeffer hinzufügen. Die Muscheln hineinschütten und den Topf mit einem Deckel verschließen. Hin und wieder schütteln, damit die Muscheln gleichmäßig gar werden.
Sobald sich die Muscheln öffnen, das Muschelfleisch aus der Schale nehmen. Nicht geöffnete Muscheln fortwerfen. Die Hälfte der Muscheln grob hacken.
Vier kleine Souffléförmchen mit Butter ausstreichen. Wenige Minuten in den Kühlschrank stellen und ein zweites Mal mit Butter ausstreichen.
Die Fischmasse aus dem Kühlschrank in der Küchenmaschine fein pürieren, dabei nach und nach die Eier und die Sahne hinzufügen.
Mit Salz und Pfeffer abschmecken und erneut in den Kühlschrank geben.
Die Eiweiß steif schlagen und vorsichtig unter die gut gekühlte Fischmasse ziehen.
Die Souffléförmchen zur Hälfte mit der Fischmasse füllen, jeweils ein Viertel der gehackten Muscheln darübergeben und mit der restlichen Fischmasse bedecken.
In einen großen Topf mit heißem Wasser oder in die emaillierte Bratenpfanne des Backofens stellen. Das Wasser soll bis zu zwei Drittel der Förmchenhöhe reichen.
Im vorgeheizten Backofen bei starker Hitze (250°) in etwa 15 Minuten gar werden lassen.
Für die Sauce den Kochsaft der Muscheln durch ein feines Sieb in eine Kasserolle geben, die Crème double hinzufügen und auf die Hälfte einkochen lassen – die Sauce soll beginnen, dicklich zu werden. Die eisgekühlte Butter in Flöckchen nach und nach unter Rühren mit einem Schneebesen mit der Sauce vermischen.
Die Souffléförmchen aus dem Wasserbad nehmen, auf einen vorgewärmten Teller stürzen und mit jeweils 4 Muscheln umkränzen. Die Sauce um das Soufflé gießen.
Weinempfehlung: Ein Riesling von der Mosel

Muschelragout mit Sahne

Mouclade charentaise

Zubereitungszeit: 35 Minuten

2 kg nicht zu große Pfahlmuscheln

¼ l trockener Weißwein
1 Zweiglein Thymian
½ Lorbeerblatt
1 Stück Orangenschale
2 Schalotten
50 g Butter
1 TL Curry
je eine Prise Nelken und Safran
2 Eigelb
⅜ l Crème fraîche
Meersalz
Pfeffer
1 EL gehackte Petersilie

Die Muscheln sorgfältig verlesen, offene Muscheln wegwerfen. Gründlich unter fließendem Wasser schrubben und von allen anhaftenden Pflanzenteilen befreien. Auf einem Durchschlag abtropfen lassen.
In einem großen flachen Schmortopf den Wein mit dem Thymian, dem Lorbeerblatt und der Orangenschale erhitzen. Die in Würfel geschnittenen Schalotten und die Butter hinzufügen und 10 Minuten bei leichter Hitze kochen lassen. Die Muscheln in den Sud geben und mit geschlossenem Deckel stark erhitzen, bis sie sich öffnen. Auf ein Drahtsieb schütten und von jeder geöffneten Muschel die obere Hälfte ablösen oder das Muschelfleisch ganz herausholen. Auf einer feuerfesten Platte anrichten.
Den Muschelsaft auf die Hälfte einkochen lassen.
Den Curry mit den Gewürzen, den beiden Eigelb, der Crème fraîche, einer Prise Salz und frischgemahlenem Pfeffer gründlich verquirlen und mit dem etwas abgekühlten Muschelsaft vermischen. Über die Muscheln gießen und im vorgeheizten Backofen 1 Minute gratinieren.
Sofort ganz heiß mit der gehackten Petersilie bestreut auftragen.
Beilage: Weißbrot oder Landbrot
Weinempfehlung: Entre-deux-mers aus der Gironde

Langustinenschwänze (Scampi) – provenzalische Art

Für die Langustinenschwänze auf provenzalische Art können Sie die Schwänze der Krustentiere bereits abgelöst, ohne Kopf, frisch oder tiefgekühlt kaufen. Die Schwänze sollen jedoch noch unausgelöst in der gepanzerten Schale sein, damit sie beim Braten im heißen Öl saftig bleiben und ihren Geschmack dem Bratöl mitteilen. Dieses delikate Schnellgericht ist in kürzester Zeit zuzubereiten.

Zubereitungszeit: 20 Minuten

16 große Langustinen, ebenso geeignet sind auch Schwänze von Riesengarnelen

250 g Tomaten
3 Knoblauchzehen
4 EL Olivenöl
Meersalz
grobgemahlener Pfeffer
einige Stengel Petersilie und Basilikumblätter

Die Langustinen waschen und auf ein Sieb geben. Bei ganzen Tieren die Köpfe der Krustentiere ablösen und die Langustinenschwänze mit einem scharfen Messer der Länge nach halbieren. Den kleinen dunklen Darm am Rücken entfernen. Die Tomaten brühen, abziehen und in Stückchen schneiden, dabei das harte gelbe Mark und die Flüssigkeit zurücklassen. Knoblauchzehen abziehen und würfeln.
Das Olivenöl in einer großen Pfanne erhitzen und die Langustinenschwänze darin unter Wenden 2 Minuten scharf anrösten. Die Knoblauchwürfel hinzufügen, kurz glasig braten, aber nicht bräunen, und die Tomatenstücke hinzufügen. Bei starker Hitze 2 Minuten weiterbraten, bis die Tomaten beginnen zu bräunen. Mit Salz und frischgemahlenem Pfeffer bestreuen und mit gehackter Petersilie und streifig geschnittenen Basilikumblättern würzen. Sofort bruzzelnd heiß auftragen.
Beilage: Getoastetes Bauernbrot mit einer Knoblauchzehe abgerieben oder knuspriges Weißbrot
Weinempfehlung: Provenzalischer Roséwein, z. B. Pierrefeu

Langustinenschwänze (Scampi) in Curryrahm

Tiefgekühlte Krustentiere auftauen lassen. Die Langustinenschwänze mit einer spitzen Schere an der Bauchseite aufschneiden, das Fleisch aus der Schale lösen und den kleinen schwarzen Darm am Rücken entfernen.
Die Gewürze gründlich miteinander vermischen.
Die Butter in einer hochwandigen Pfanne zerlassen. Die Langustinenschwänze darin 2–3 Minuten unter Rühren anbraten. Aus der Pfanne nehmen und warmstellen.
Die Zwiebel und den Knoblauch in kleine Würfel schneiden, die große Chilischote in Streifen, alles in der Pfanne glasig braten. Das Gewürzgemisch darüberstreuen und 2 Minuten durchrösten. Die kleinen Chilifrüchte in Würfel schneiden, 2 Eßlöffel Chilisaft zu dem Curry geben und mit 1 Glas Wasser aufgießen. 10 Minuten kochen lassen.
Die Langustinenschwänze in die Currybrühe geben, aufkochen lassen und die Sahne unter Rühren hinzufügen. Zum Schluß mit Salz abschmecken.
Gut schmeckt frischer Koriander über das Curryericht gestreut.
Beilage: Gekochter Langkornreis
Getränke-Empfehlung: Bier oder ein Gewürztraminer

Zubereitungszeit: 30 Minuten

800 g Langustinenschwänze, ebenso geeignet sind Riesengarnelen

je 1 Löffelspitze gemahlener Koriander, Kreuzkümmel, Chili, Ingwer, Kurkuma, Senfkörner oder
2 TL scharfes Currypulver
1 EL Butter
1 mittelgroße Zwiebel
2 Knoblauchzehen
1 große Chilischote
2 kleine Chilifrüchte (Konserve)
¼ l leicht geschlagene Sahne
Meersalz

Pfannengerührte Garnelen oder Scampi

Für die pfannengerührten Garnelen braucht man möglichst große Garnelen oder man sucht unter dem vielseitigen Angebot andere kleinere Krustentiere aus. Es ist Geschmackssache, ob man die Garnelen geschält oder ungeschält in die Pfanne oder den Wok gibt – ungeschält bleiben sie saftiger, geschält vermischen sie sich inniger mit der Sauce und lassen sich leichter essen. Ich mag lieber die geschälten.

Tiefgekühlte Garnelen auftauen lassen. Die Garnelen schälen, aber das Schwanzende (zum Anfassen beim Essen) möglichst dranlassen. Den kleinen dunklen Darm am Rücken mit einem spitzen Messer herauslösen. Die Garnelen mit Küchenpapier trockentupfen. In eine Schüssel geben, leicht salzen und 10 Minuten stehen lassen.
Knoblauchzehen und die Ingwerwurzel schälen und fein hacken. Die Ingwerwürfel mit 2 Teelöffeln Sojasauce, dem Sherry, dem Zucker und etwas Pfeffer verrühren. Stärkepuder mit 3 Eßlöffeln Wasser und der restlichen Sojasauce glatt verrühren. Paprika entkernen und in feine Streifen schneiden.
Die Pfanne oder den Wok trocken erhitzen. Das Öl hineingeben, Salz und Knoblauch hinzufügen und ein paar Mal umrühren. Die Garnelen in die Pfanne geben und unter Rühren und gelegentlichem Schwenken anrösten, bis alle rosa sind. Die Paprikastreifen hinzufügen und die Ingwer-Soja-Mischung. Gut umrühren. Ketchup hinzufügen und kurz durchschmoren.
Die Brühe in die Pfanne gießen und alles zugedeckt bei mittlerer Hitze 2 Minuten kochen lassen. Zum Schluß die angerührte Stärke unter die Garnelen mischen und einmal kurz aufkochen. Sofort auftragen.
Beilage: Körnig gekochter Reis
Getränke-Empfehlung: Bier oder trockener Weißwein

Zubereitungszeit: 35 Minuten

800 g große ungeschälte oder 400 g ausgelöste Garnelenschwänze (frisch oder tiefgekühlt)

Meersalz
2 Knoblauchzehen
1 Stückchen (1 cm) frischer Ingwer
3 TL Sojasauce
1 EL Sherry
2 TL Zucker
Pfeffer
1 TL Stärkepuder
½ grüne Paprikaschote
4 EL Maiskeimöl oder Erdnußöl
2 EL Ketchup
¼ Tasse Fleisch- oder Fischbrühe

Garnelen oder Scampi a ma façon

Foto Seite 26/27

Es gibt genügend Rezepte für Garnelen und Langustinen, um ein ganzes Kochbuch zu füllen – sie lassen sich auf immer wieder andere Art würzen und mit anderen Zutaten mischen. Aber wenn ich wirklich frische große Garnelen oder Scampi bekomme, dann gibt es für mich eine ganz einfache Zubereitung, die den Geschmack dieser köstlichen Krustentiere am natürlichsten herausbringt.

Zutaten für 1 Person
Zubereitungszeit: 25 Minuten

300 g frische Riesengarnelen oder 4–6 Langustinen (Scampi) – je nach Größe – mit Schale (pro Person)

1–2 Knoblauchzehen
2 EL bestes Olivenöl
1 reife Tomate
Meersalz
grobgemahlener Pfeffer
¼ Glas Weißwein
1 EL gehackte Petersilie

Die Krustentiere gründlich waschen, auf einem Durchschlag abtropfen lassen und die Langustinen mit einer spitzen Schere an der Bauchseite aufschneiden und den kleinen schwarzen Darm am Rücken entfernen. Auf einem Küchenpapier trocknen lassen.
Die Knoblauchzehen in Würfel schneiden.
Das Öl in einer Pfanne mit hohem Rand erhitzen und die Knoblauchwürfel darin glasig braten. Garnelen oder Langustinen unausgelöst im Ganzen hineingeben. Bei starker Hitze unter Wenden 3 Minuten anbraten.
Die Tomate brühen, abziehen und in Stücke schneiden, dabei das gelbe harte Mark zurücklassen. Die Tomatenstückchen in die Pfanne geben. Salzen und gut pfeffern. Weitere 3–4 Minuten schmoren lassen. Mit dem Wein aufgießen und noch 1 Minute weiterschmoren. Mit der Petersilie bestreuen.
Die Krustentiere aus der Pfanne nehmen und mit dem Bratsaft auf einem vorgewärmten Teller anrichten.
Genußvoll jede Garnele oder Langustine auseinanderbrechen und den Schwanz herauslösen, vorhandene Scheren öffnen und auslutschen.
Den herrlichen Saft im Teller mit ofenfrischem Weißbrot austunken und einen leichten gekühlten Weißwein oder Rosé des Landes dazu trinken. Wunschloses Daseinsglück für mich.
Fingerschalen nicht vergessen und viele Papierservietten.
Beilage: Ofenfrisches Weißbrot
Weinempfehlung: Leichter trockener weißer Landwein, ein trockener Spumante oder Prosecco

Krebse

Ein Krebsessen gehört zu den vergnüglichsten Formen der Gästebewirtung, die ich kenne. Hat der Gastgeber das Kochen der Krebse hinter sich, braucht er keine weitere Kocharbeit mehr zu leisten und kann mit seinen Freunden die leuchtendroten Panzertiere knacken.
Man braucht allerdings eine kleine Standardausrüstung zum Krebsessen: riesige Servietten, Hummerscheren (oder wenigstens einige Nußknacker), lange zweizinkige Krebsgabeln, Krebsmesser sowie für jeden Gast eine Fingerschale mit lauwarmem Wasser, in der eine Zitronenscheibe oder eine Blüte schwimmt, denn Krebse ißt man mit den Fingern.
Die gekochten Krebse werden stückweise mit etwas Sud auf tiefe Teller gegeben. Mit einem kurzen Ruck dreht man die Scheren aus dem Gelenk. Um das Fleisch aus den Scheren zu lösen, wird die lange Krebsgabel gebraucht. Um an das Beste vom Krebs, das Fleisch vom Schwanz, heranzukommen, wird der Kopf durch eine kurze Gegendrehung vom Rumpf getrennt, der Krebsschwanz mit der Hummerschere an der Bauchseite aufgebrochen und aus der Schale gelöst. Als letztes löst der Krebsgenießer noch den kleinen schwarzen Darm am Rücken des Krebsschwanzes heraus, bevor er sich diesen einverleibt.
Beim Krebsessen dürfen die im Panzer verbliebenen Fleischreste und -säfte herausgeschlürft werden.

Gekochte Flusskrebse in gewürzter Brühe

Zutaten für 4–6 Personen
Zubereitungszeit: 1 Stunde

48–60 lebende Krebse (je 60–70 g)

1 l Wasser
1 l Weißwein (Riesling)
40 g Meersalz
10 grob zerstoßene Pfefferkörner
10 Korianderkörner
2 Nelken
1 Stückchen Orangenschale
1 Kräutersträußchen (1 Lorbeerblatt, 1 Zweiglein Thymian, einige Stengel Petersilie, 1 Sellerieblatt, 1 Knoblauchzehe)
1 Zwiebel
1 Möhre
evtl. 1 Sträußchen Dill und
1 Glas trockener Sherry

Die Krebse einige Stunden vor dem Verzehr gründlich unter fließendem Wasser sauber bürsten und in ein Einkaufsnetz gehüllt in den Kühlschrank geben. (Dann sind die Krebse beim Kochen leicht betäubt.)
In einem großen Topf das Wasser mit dem Wein, Salz und Gewürzen zum Kochen bringen, die Zwiebel und die Möhre in Scheiben schneiden und hinzufügen. 20 Minuten kochen lassen.
Die Krebse am Schwanz fassen und nacheinander 6–8 Stück mit dem Kopf voran in die wallende Kochbrühe geben. Das Wasser jedesmal wieder aufkochen lassen, bevor die nächsten Krebse hineinkommen. Dann die Hitze herunterschalten und 5–6 Minuten kochen lassen. Von der Kochstelle nehmen und die nächste Portion hineingeben. Die gekochten Krebse mit einem Tuch bedeckt warmstellen oder im Sud erkalten lassen.
Die Krebse in einer Suppenterrine mit dem durchgesiebten Kochsud übergossen lauwarm oder kalt auftragen. Oder auf einer runden Platte sternförmig nebeneinander so ausrichten, daß die Krebsscheren nach außen über den Tellerrand hängen. In die Mitte der Platte kommt ein großer Strauß Dill.
Dann wird der Krebssud auf die Hälfte eingekocht, durch ein Sieb gegeben, leicht mit Sherry abgeschmeckt und heiß oder kalt in Tassen als Suppe zu den Krebsen serviert.
Man kann die Krebsbrühe auch zusammen mit Sahne einkochen und mit Eigelb legieren oder nach dem Einkochen mit frischer Butter vermischen und über die Krebse gießen – das schmeckt zwar gut, macht das Krebsessen aber zu einer sehr klebrigen Angelegenheit.
Beilage: Frisch aufgebackenes Stangenweißbrot und eisgekühlte Butter.
Weinempfehlung: Ein edler Riesling von der Mosel oder aus dem Elsaß – in Skandinavien, dem Urland großer Krebsessen, trinkt man eisgekühlten Aquavit dazu.

Krebsschwanzragout mit Morcheln in Blätterteig

Zutaten für 4–6 Personen
Zubereitungszeit: 45 Minuten
Morcheln 1 Stunde vorher einweichen

36–48 gekochte frische Krebse oder
36–48 ausgelöste Krebsschwänze

30 g getrocknete Morcheln
3 EL Olivenöl
1 Möhre
2 Schalotten
1 Stange Lauch (nur den weißen Teil)
1 Stange Sellerie
1 Stückchen Fenchel
3 EL Cognac
1 Glas Weißwein (Chablis)
300 g Crème fraîche
1 EL Butter
Meersalz
Pfeffer
Zitronensaft
1 Packung tiefgekühlter Blätterteig
1 Eigelb

Die getrockneten Morcheln 1 Stunde mit Wasser bedeckt einweichen. Die Pilze unter fließendem Wasser sehr gründlich waschen – in jeder kleinen Vertiefung in den Hütchen kann Sand sein. Große Morcheln halbieren oder vierteln. Auf einem Küchentuch gut trocknen lassen.
Die Krebse nach dem vorhergehenden Rezept in einer Brühe garen.
Von den gekochten Krebsen die Schwänze vom Rumpf drehen, an der Bauchseite aufbrechen, auslösen und den Darm am Ende der Schwänze herausziehen. Die Scheren mit einer Hummerschere aufknacken (zur Not tut es ein Nußknacker) und mit einer langzinkigen Gabel das Fleisch herauslösen. Das Olivenöl in einem Topf erhitzen.
Die in der Küchenmaschine zerkleinerten Krebsschalen und die Köpfe darin 6–7 Minuten unter Rühren leicht anrösten. Das gewaschene und in kleine Würfel geschnittene Gemüse hinzufügen und einige Minuten weiterschmoren lassen, bis alle Flüssigkeit verdampft ist. Dann den Cognac darübergeben und flambieren. Mit dem Wein aufgießen. Unter ständigem Rühren einkochen lassen. Die Crème fraîche hinzufügen und die Sauce bei leichter Hitze in etwa 20 Minuten cremig einkochen.
In dieser Zeit die Butter in einer Pfanne zerlassen und die Morcheln hineingeben. Mit Salz, Pfeffer und Zitronensaft würzen. Unter gelegentlichem Umrühren mit einem Holzlöffel etwa 10 Minuten schmoren lassen.
Die Krebs-Sahne-Sauce durch ein Sieb in eine Kasserolle passieren und mit Salz und Pfeffer abschmecken. Erneut zum Kochen bringen. Die Morcheln hinzufügen und einige Minuten mit durchkochen.
Die Krebsschwänze dazugeben und alles zusammen erwärmen.
Soll das Edelragout in Blätterteig serviert werden, schneidet man die heißen Blätterteigstreifen (nachfolgend das Rezept) der Länge nach auf. Das Krebsragout auf die untere Hälfte füllen und mit der oberen Hälfte bedecken. Ebensogut kann das Krebsragout in Blätterteigpasteten gefüllt werden, die man fertig kauft und kurz im Backofen erwärmt hat.
Weinempfehlung: Ein Chablis oder ein Aloxe-Corton aus Burgund

Blätterteigstreifen zum Füllen

Zubereitungszeit: 40 Minuten

1 Paket TK-Blätterteig (300 g)
1 Eigelb

Den Blätterteig auftauen lassen und dann auf einem leicht bemehlten Brett etwa 4 mm dick zu einem Rechteck ausrollen. Vier Streifen, 8 × 12 cm, aus dem Teig ausschneiden.
Ein Backblech mit kaltem Wasser abspülen. Die Blätterteigstreifen mit einem Pinsel von dem anhaftenden Mehl befreien und auf das Blech legen. 30 Minuten ruhen lassen. Mit dem verschlagenen Eigelb bestreichen – vorsichtig, damit kein Eigelb über den Rand läuft, weil dann der Teig nicht aufgeht.
Im vorgeheizten Backofen bei starker Hitze (250°) 10 Minuten backen, die Hitze auf 180° herunterschalten und weitere 12 Minuten backen.
Auf einem Kuchengitter erkalten lassen.

Mousse von Räucheraal mit Dillsauce

Zubereitungszeit: 40 Minuten

400 g ausgelöste Räucheraalfilets ohne Haut, ebenso geeignet, aber wesentlich preiswerter, ist geräucherte Makrele

Meersalz
Pfeffer
4 Eier
250 Crème double
1½ EL Butter
⅛ l Fleisch- oder Fischbrühe
1 Schalotte
⅛ l Schlagsahne
2 EL gehackter Dill
1 TL Zitronensaft

Die ausgelösten Aalfilets von etwaigen Gräten mit einer Pinzette befreien und im Mixer mit Salz und Pfeffer pürieren. Die Eier nacheinander während des Mixens hinzufügen. Zum Schluß die Crème double an die Aalmasse geben und kurz vermischen.
Vier kleine feuerfeste Förmchen mit etwas von der Butter ausstreichen und die Fischmasse hineingeben.
Die Bratenpfanne des Backofens halbhoch mit Wasser füllen und die Förmchen hineinstellen. Im vorgeheizten Backofen bei mittlerer Hitze (200°) in 10 Minuten garen.
In dieser Zeit die Sauce zubereiten. Die Brühe in einer Kasserolle erhitzen, die in kleine Würfel geschnittene Schalotte hineingeben und die Brühe bei starker Hitze auf die Hälfte einkochen lassen. Die Hälfte der Sahne hinzufügen und erneut einkochen lassen. Von der Kochstelle nehmen und die restliche Butter in Flöckchen unter ständigem Rühren mit der Sauce vermischen. Die restliche Sahne schlagen, mit dem Dill vermischen und unter die Sauce ziehen. Mit Zitronensaft, Salz und frischgemahlenem Pfeffer abschmecken.
Die Aalmousse auf vier vorgewärmte Teller stürzen und mit der Sauce umgeben.
Weinempfehlung: Ein Nantaiser Muscadet

Quiche mit Räucherfisch

Das Mehl in eine Schüssel geben und mit dem Salz vermischen. Das Wasser und die Butter in Flöckchen hinzufügen und schnell mit den Händen zu einem glatten Teig verarbeiten. Zu einer Kugel geformt in Folie hüllen und 2 Stunden im Kühlschrank ruhen lassen.
Den Räucherfisch mit der Milch und ⅛ l Wasser aufkochen lassen.
Den Teig ausrollen und Boden und Rand einer gefetteten Quicheform (24 cm Ø) damit auslegen.
Lachs in feine Streifen schneiden, Forelle oder Heilbutt häuten, entgräten und in kleine Stücke zerpflücken.
Eier, Sahne und ⅛ l von dem Fischsud verquirlen. Mit Salz, Pfeffer und Muskat abschmecken.
Die Fischstücke auf den Teig legen und mit der Eiersahne übergießen.
Mit Butterflöckchen besetzt im vorgeheizten Backofen bei 200° in 35 Minuten backen.
Weinempfehlung: Ein elsässischer Sylvaner

Zubereitungszeit: 1 Stunde
Ruhezeit des Teiges: 2 Stunden

250 g Mehl
½ TL Salz
125 g Butter
4 EL kaltes Wasser
150 g Räucherfisch (Lachs, Forelle oder Heilbutt)
⅛ l Milch
3 Eier
⅛ l Sahne
Meersalz
Pfeffer
Muskat
40 g Butter zum Belegen

Provenzalisches Klippfischpüree

Brandade de morue

Den Klippfisch mit einem scharfen Messer in 2 bis 3 Stücke schneiden und in reichlich Wasser 12 Stunden einweichen, dabei das Wasser hin und wieder erneuern.
Die Fischstücke dann in einen Kochtopf geben und mit ½ l Milch und ½ l Wasser bedeckt zum Kochen bringen. Zugedeckt bei leichter Hitze 8 Minuten kochen. Aus dem Kochwasser nehmen und gut abtropfen lassen. Die Haut abziehen und entgräten.
Die Knoblauchzehe schälen (den kleinen grünen Keim entfernen), mit den Fischstücken in den Mixer geben – wenn nötig in zwei Portionen – und pürieren.
Löffelweise und abwechselnd das leicht erwärmte Öl und die restliche Milch heiß hinzugeben. Es muß eine lockere Creme – ähnlich einem Kartoffelpüree oder einer dicken Mayonnaise – entstehen.
Die Masse in einen Kochtopf geben und bei leichter Hitze unter ständigem Rühren bis kurz vor dem Kochen erhitzen. Von der Kochstelle nehmen und unter Weiterrühren mit frischgemahlenem Pfeffer und Zitronensaft abschmecken. Zum Schluß die entkernten Oliven oder den in kleine Würfel geschnittenen Trüffel unter das Püree mischen.
Pyramidenartig auf einen Teller gehäuft wird das Klippfischpüree heiß, lauwarm oder kalt serviert.
Beilage: Große getoastete Weißbrotscheiben oder in Öl ausgebackene und mit Knoblauch abgeriebene Weißbrotcroûtons
Weinempfehlung: Der typische Wein zur *brandade* ist der Rosé de Tavel

Zubereitungszeit: 45 Minuten
Klippfisch 12 Stunden wässern

800 g Klippfisch

¾ l Milch
½ l Wasser
1 Knoblauchzehe (kann entfallen)
¼ l bestes kaltgepreßtes Olivenöl
Pfeffer
Saft ½ Zitrone
50 g schwarze Oliven (können entfallen) oder 1 kleiner Trüffel (kann auch entfallen)

FISCHSUPPEN

Fischsuppen sind so vielfältig und charakteristisch wie die Küsten und Hafenstädte der verschiedenen Länder. Lange galten sie als Arme-Leute-Essen, weil sie so preiswert und einfach herzustellen waren. Die meisten Rezepte stammen von den Fischern. Sie kochten – oft schon an Bord mit Meerwasser – aus den unverkäuflichen kleinen Fischen und Meerestieren eine kräftige Suppe.
So ist auch die berühmteste aller Fischsuppen, die Marseiller Bouillabaisse, entstanden. Ihr Wohlgeschmack war besonders groß, weil sie aus dem kleinen vorzüglichen Meeresgetier von der felsigen Mittelmeerküste, das sich von winzigen Krebstieren und Algen ernährt, zubereitet wurde, zudem mit unter der heißen provenzalischen Sonne gereiftem Gemüse aus heimischem Anbau – Tomaten, Fenchel, Knoblauch, duftendem Olivenöl und goldgelbem Safran. Kein Wunder, daß diese »soupe de pêcheurs« bald auch den anspruchsvollen Feriengästen der Côte d'Azur schmeckte und schließlich berühmt wurde. Inzwischen gilt sie als eine der teuersten Suppen der Welt, die nur noch in wenigen Luxusrestaurants Südfrankreichs wirklich aus fangfrischen Mittelmeerfischen zubereitet wird. Denn Seeteufel, Petersfisch, Meerwolf, Barben, Muränen, selbst die absolut unentbehrliche Rascasse sind rar und teuer geworden.
Die klassische Marseiller Bouillabaisse gehört zu meinen Favoriten, und das Rezept dazu dürfte folglich hier nicht fehlen. Andererseits sollen Sie die Gerichte dieses Buches ja nachkochen können, was nahezu unmöglich ist, wenn Sie nicht zufällig an der Küste der Provence leben und einen Fischer kennen, der Ihnen die fangfrischen »poissons de roche« liefert. Dafür aber biete ich Ihnen *mein* Rezept für eine Bouillabaisse an (der Name bedeutet nichts anderes als »s'abaisse en bouillant«, durch Einkochen konzentriert), das sich vor der klassischen Fischsuppe nicht zu verstecken braucht. Auch zu dieser Version gehören – abgesehen von den typischen Gemüsen und Gewürzen der Provence – verschiedene Sorten von roten und weißen Meeresfischen, aber diese Fische sind, zumindest in unseren Großstädten, frisch erhältlich. Und bei mir gibt es als Beilage zum Brot die *beiden* herzhaften Mayonnaisen: Aïoli und Rouille, hausgemacht, während in Marseille und an der Côte d'Azur zur Bouillabaisse mit rotem Fisch nur eine Rouille und zu ihrem Pendant aus weißem Fisch, der Bourride, ausschließlich Aïoli gereicht wird. Glauben Sie mir, wenn ich zu *meiner* Bouillabaisse einlade, kommen alle Freunde sofort! Eine Fischsuppe zu kochen, lohnt sich aber auch nur, wenn mindestens 6 bis 8 Personen um den Suppentopf versammelt sind.
Jede Fischsuppe, je nachdem, von welchem Küstenstrich sie stammt, hat ihre eigenen Zutaten. So gehört in die bretonische »Cotriade« eine bunte Mischung von Atlantikfischen, die mit viel Butter und Cidre verfeinert wird. Die ligurische »Burrida« enthält nicht nur eine Auswahl von Fischen, Mollusken und kleinen Schalentieren, sondern auch Sardellen, Walnüsse und Rosmarin. An die katalanische Fischsuppe gibt man Kartoffeln, scharfe Pfefferschoten und milde Paprika. An der Loire und anderen Flüssen Frankreichs kochen die Fischer ihre Matelote aus Aal, Zwiebelchen und Wein, die manchmal noch mit Backpflaumen angereichert wird. Letztere Zutaten finden sich auch in der kuriosen Hamburger Aalsuppe, die außerdem noch einen Schinkenknochen, Gemüse und Mehlklößchen enthält. Als unsere Hamburger Köchin diese Mischung aus Backobst, Schinken und Aal mit einer Mehlschwitze gebunden, uns das erste Mal vorsetzte, waren wir, die wir gerade aus Berlin zugezogen waren, doch recht erschrocken. Später, als ich sie im Fischereihafenrestaurant in Hamburg in verfeinerter, viel leichterer Version wiederentdeckte, gefiel sie mir gerade wegen ihrer ungewöhnlichen Zusammensetzung so gut, daß ich beschloß, das Rezept in dieses Kapitel »Fischsuppen« mit aufzunehmen.

Bouillabaisse a ma façon

Man braucht für die Zubereitung der Suppe einen Kochtopf mit Dampfeinsatz (eine Anschaffung, die ich jedem Fischliebhaber empfehle). Im Notfall kann man auch eine Platte mit den Fischen, die als Einlage in die Suppe gehören, auf eine umgedrehte Schüssel in einen großen Kochtopf stellen und im Dampf von etwas Fischsuppe garkochen.

Für die Suppe Köpfe, Gräten und Haut der Fische waschen, von den Köpfen die Kiemen entfernen.

Lauch und Fenchelknolle waschen und in Streifen schneiden, die Knoblauchzehen nicht abziehen.

In einem großen Kochtopf das Olivenöl erhitzen und das Gemüse unter Rühren darin andünsten. Die Fischabfälle hinzufügen und die halbierten Tomaten, die Pfefferschote, das Kräutersträußchen, die Zwiebel, die geputzten, in Stücke geschnittenen Möhren und die Zitronenscheiben darübergeben. Mit 2 Liter Wasser und dem Wein aufgießen, Meersalz und Safran in die Suppe geben und 30 Minuten leicht kochen lassen. Den entstehenden Schaum hin und wieder mit einem Schaumlöffel abschöpfen.

Inzwischen die Fische für die Einlage putzen, wenn nötig schuppen, ausnehmen, die Kiemen entfernen und waschen. Leicht salzen und auf eine Platte legen. Mit bestem Olivenöl übergießen und ruhen lassen.

Die Muscheln aussortieren und geöffnete wegwerfen. Die Muscheln unter fließendem Wasser gründlich schrubben und waschen (anhängende Bärte entfernen).

Die Kartoffeln schälen und in Scheiben schneiden. Ein Dampfsieb mit den Kartoffelscheiben und den Fenchelstengel auslegen, leicht salzen und mit grobem Pfeffer bestreuen.

¼ l Fischbrühe durch ein Sieb in den Kochtopf geben und den Dampfeinsatz mit den Kartoffelscheiben daraufsetzen. Mit dem Deckel fest verschließen und 10 Minuten kochen lassen. Den Dampfeinsatz herunternehmen und die Fische und Muscheln nebeneinander auf den Kartoffeln anrichten. Wieder auf den Kochtopf setzen (evtl. vorher noch etwas Brühe nachgießen) und die Fische in 10 Minuten garkochen.

Inzwischen die restliche Brühe durch ein Sieb streichen und noch einmal aufkochen.

Das Brot in Scheiben schneiden und im Backofen goldbraun backen. Mit den durchgeschnittenen Knoblauchzehen einreiben. Das Brot und die Rouille auf den Tisch setzen.

Die Fische und die Muscheln vorsichtig auf einer großen Platte anrichten. Die Kartoffelscheiben in die Suppe geben und diese in eine Terrine füllen.

Jeder Gast bestreicht sich seine Brotscheiben nach Geschmack noch mit Rouille, der mayonnaisenartigen Knoblauchpommade, die für eine echte Bouillabaisse unerläßlich ist, und gibt sie in den Teller. Dann bekommt jeder Gast möglichst verschiedene Stückchen von dem gedämpften Fisch auf den Teller und die kochendheiße Brühe wird darübergefüllt.

Weinempfehlung: Ott Blanc de blancs

Zutaten für 6–8 Personen
Zubereitungszeit: 1 Stunde

Für die Fischsuppe:
2 kg Köpfe, Gräten und Häute von Edelfischen wie Lachs, Seeaal, Wolfsbarsch, Rascasse (Knurrhahn) usw.
2 Stangen Lauch
½ Fenchelknolle (oder 1 EL Fenchelsamen)
2 Knoblauchzehen (möglichst frisch)
3 EL Olivenöl extravergine
2 Tomaten
1 kleine scharfe rote Pfefferschote
1 Kräutersträußchen (1 Lorbeerblatt, 1 Zweiglein Thymian, 1 Stück Orangenschale, 3 Stengel Petersilie)
1 Zwiebel mit 2 Nelken gespickt
2 Möhren
2 Zitronenscheiben
2 l Wasser
1 Glas Weißwein
Meersalz
2 kleine Döschen Safran
Für die Einlage:
2 kg möglichst verschiedene rote und weiße Fische im Ganzen oder in dicken Stücken wie Merlan, Dorade, Knurrhahn, Rotbarsch, Seeteufel (Lotte), Meeraal
Meersalz
8 EL bestes Olivenöl
1 Handvoll Miesmuscheln
400 g Kartoffeln
einige Stengel frischer Fenchel
1 Baguette
2–3 Knoblauchzehen
1 Rezept Rouille oder
1 Rezept Aïoli

Fischsuppe – Provenzalische Art

Soupe de poisson a la provençale

Die safrangelbe Fischsuppe der Provence – aus der Vielfalt kleiner Mittelmeerfische gekocht – sollte aus fangfrischen Fischen der Küste bestehen. Aber selbst in Marseille und in Nizza habe ich festgestellt, daß diese so aromatisch duftende Suppe aus tiefgefrorenen Fischen zubereitet wird und – da sie püriert wird – der Geschmacksverlust nicht so spürbar ist wie bei ganzen Fischen. Nur die Rascasse – der Knurrhahn – ist unverzichtbar als Zutat. Uneinigkeit besteht in der Provence, ob zu dieser ursprünglichen Arme-Leute-Suppe eine Rouille gehört, die man auf die gerösteten Brotschnitten streicht und geriebener Käse, den jeder selbst in die fertige Suppe streut. Ich nehme beides, es sei denn, mir wird tatsächlich vor Ort eine Fischsuppe aus heimischen »poissons de roche« vorgesetzt, kleinen Fischen, die sich an der felsigen Küste von winzigen Schnecken und Algen ernährt haben. Die muß man ohne jede weitere Geschmackszutat genießen.

Zubereitungszeit: 1¼ Stunden

1 kg kleine gemischte Mittelmeerfische (Knurrhahn, Merlan, Lotte, Rotbarbe, Petersfisch)
2 große Fischköpfe
einige kleine Taschenkrebse

3 Knoblauchzehen
⅛ l Olivenöl
2 Stangen Lauch
1 Möhre
2 Zwiebeln
2 Tomaten
1 EL Tomatenmark
2 l Wasser
1 Kräutersträußchen (1 Lorbeerblatt, 2 Zweiglein Thymian, 4 Stengel getrockneter Fenchel, einige Stengel Petersilie, 1 Stückchen Orangenschale)
Meersalz
Cayennepfeffer
30 Safranfäden
½ altbackene Baguette
1 Knoblauchzehe

Die ausgenommenen Fische – nur wenn nötig – waschen, sonst mit einem Küchentuch trockentupfen. Fangfrische Fische werden nicht ausgenommen und nicht gewaschen.

Von den Fischköpfen die Augen mit einem spitzen Messer herausholen, Kiemen entfernen, die Taschenkrebse unter fließendem Wasser waschen (noch lebende Krebse kurz in kochendes Wasser werfen) und im Mörser oder Mixer zerkleinern. Die Knoblauchzehen ungeschält im Mörser zerdrücken.

Das Olivenöl in einem großen Topf erhitzen und die in Streifen geschnittenen Gemüse darin unter Rühren kurz anrösten. Fische und Fischköpfe, Taschenkrebsmus und Knoblauch hinzufügen und ebenfalls mit anrösten. Die in Viertel geschnittenen Tomaten und das Tomatenmark nach 5 Minuten zu den Fischen geben und mit Wasser aufgießen. Das Kräutersträußchen, Salz, Pfeffer und Safran hinzufügen. 15 Minuten bei starker Hitze offen kochen lassen.

Fischköpfe herausfischen und die Fische mit den Gemüsen im Mixer pürieren. Durch ein Sieb streichen (die Grätenreste müssen zurückbleiben, das Fischfleisch soll in die Suppe kommen). Wieder in den Topf geben und 30 Minuten weiterkochen lassen.

Dünne Baguettescheiben im Ofen mehr trocknen als rösten und mit einer durchgeschnittenen Knoblauchzehe einreiben.

Die Brotscheiben nach Geschmack mit Rouille bestreichen und in die Suppenteller geben, bevor die Suppe hineingefüllt wird. Mit geriebenem Käse bestreuen.

Beilage: Sauce Rouille – geriebener Käse (Gruyère)
Weinempfehlung: Ein weißer Cassis

Rouille

Die Rouille kann auch wie eine Mayonnaise zubereitet werden, dann wird anstelle der Semmelbrösel oder Kartoffel ein Eigelb mit dem Öl verrührt.

Die Knoblauchzehen abziehen und mit der Pfefferschote in einem Mörser fein zerstoßen. Die Semmelbrösel und Salz hinzufügen. Unter ständigem Rühren Safran und nach und nach das Olivenöl an die cremige Paste geben, es soll eine mayonnaisenartige Sauce entstehen. Wenn sie zu dick ist, kann man noch etwas Fischbrühe darunterrühren.
Rouille wird zu Fischsuppen serviert, vor allem ist sie zur Bouillabaisse und zur provenzalischen Fischsuppe unentbehrlich.

Zubereitungszeit: 10 Minuten

2 Knoblauchzehen
1 kleine rote Pfefferschote
4 EL Semmelbrösel in
4 EL Fischbrühe eingeweicht oder
1 gekochte kalte Pellkartoffel
Salz
1 Messerspitze im Mörser zerstoßene Safranfäden
8 EL Olivenöl

Aïoli

Mayonnaise mit Knoblauch

Die abgezogenen Knoblauchzehen in einem Mörser fein zerstampfen. Das Eigelb und ¼ Teelöffel Salz hinzufügen und vermischen. Ganz langsam unter ständigem Rühren mit einem Holzlöffel oder mit einem Schneebesen 4–5 Eßlöffel Öl hinzufügen.
Den Zitronensaft mit Wasser und dem restlichen Öl vermischen und ganz langsam unter gleichmäßigem Weiterrühren an den *aïoli* geben.
Sollte der *aïoli* gerinnen, kann man ihn mit 1 Eßlöffel kochendem Wasser retten. Sonst muß man noch einmal mit einer zerstoßenen Knoblauchzehe und einem Eigelb beginnen und die geronnene Sauce nach und nach hinzufügen.

Zubereitungszeit: 20 Minuten

4 Knoblauchzehen
1 Eigelb
Salz
½ l Olivenöl extravergine
1 EL Zitronensaft
1 EL warmes Wasser

Muschelsuppe – Neapolitanische Art

Zuppa di cozze

Die italienische Muschelsuppe ist eigentlich mehr ein Muschelessen als eine Suppe – wer die »zuppa di cozze« flüssiger möchte, kann ein Glas leichten Weißwein beim Kochen der Muscheln hinzufügen. In Neapel tut man es nicht – in der Toskana ist es üblich.

Zubereitungszeit: 35 Minuten

2 kg Miesmuscheln, ebenso geeignet sind Venusmuscheln

2 Knoblauchzehen
8 EL Olivenöl
300 g reife Tomaten
Pfeffer
1 EL gehackte Petersilie
einige Brotscheiben

Die Muscheln gründlich unter fließendem Wasser waschen, bis das Wasser klar bleibt. Die Bartbüschel entfernen und jede Muschel untersuchen, ob sie noch fest geschlossen ist. Geöffnete Muscheln wegwerfen.
Die Knoblauchzehen abziehen, den grünen Keim in der Mitte entfernen und in einer großen Kasserolle in dem Olivenöl goldgelb braten. Die Tomaten brühen, abziehen und in Stückchen schneiden, dabei das harte gelbe Mark zurücklassen. Die Tomatenstückchen in das Öl geben und die Muscheln hinzufügen. Die Muscheln so lange – etwa 15 Minuten – kochen lassen, bis sich alle Muscheln geöffnet haben. Den Pfeffer mit einer Pfeffermühle möglichst grobkörnig über die Suppe mahlen, nicht salzen. Die gehackte Petersilie darüberstreuen.
Dünne, im Ofen getoastete Brotscheiben in die Teller geben und die Suppe darüberschütten oder das Brot getrennt dazu reichen.
Weinempfehlung: Ein Ischia bianco superiore

Fischsuppe – Katalanische Art

Sopa de pescado a la catalana

Die katalanische Fischsuppe läßt sich ausgezeichnet mit Fischen aus Nordsee und Atlantik nachkochen – besonders geeignet sind dazu Kabeljau, Knurrhahn, Petermännchen, Rotbarsch und Meeraal.

Zubereitungszeit: 1 Stunde

Fischbrühe:
Kopf, Gräten und Haut von einem großen Meeresfisch (Kabeljau, Meeraal, Dorade, Wolfsbarsch)
1 kleine rote Pfefferschote
1 Lorbeerblatt
1 Zweiglein Thymian und Rosmarin
1 Knoblauchzehe
Meersalz
3 reife Tomaten
1 l Wasser
Einlage:
4 große oder 8 kleine Kartoffeln
2 große spanische Zwiebeln (300 g)
1 grüne Paprikaschote
3 EL Olivenöl
Meersalz, Cayennepfeffer
800 g Fischfilet oder Portionsstücke von Meeresfisch (Kabeljau, Rotbarsch, Knurrhahn, Wolfsbarsch)
6 Stengel Petersilie
2 Knoblauchzehen

Für die Brühe die gründlich gewaschenen Fischabfälle (Kiemen entfernen) in einen Topf geben. Die Gewürze, die durchgeschnittene Knoblauchzehe, Salz und die in Viertel geschnittenen Tomaten hinzufügen. Das Wasser darüberfüllen und zugedeckt 20 Minuten kochen lassen, dabei den entstehenden Schaum abschöpfen. Die Fischbrühe durch ein Sieb passieren.
Während der Kochzeit der Brühe die Kartoffeln waschen, schälen und in nicht zu dünne Scheiben schneiden, die Zwiebeln ebenfalls. Die Paprikaschote halbieren, entkernen und in Streifen schneiden.
Das Öl in einer Pfanne erhitzen, die Kartoffel- und Zwiebelscheiben sowie die Paprikastreifen unter Rühren darin 15 Minuten anrösten. Salzen und pfeffern. Von der Kochstelle nehmen.
Das Fischfilet salzen, pfeffern und in Stücke zerteilen.
In einen hohen Schmortopf (am besten einen irdenen Topf) abwechselnd Kartoffelscheiben, Gemüse und die Fischstücke geben. Mit der Fischbrühe aufgießen.
Den Topf gut verschließen und alles bei leichter Hitze in 30 Minuten garen lassen.
Die Petersilie und die Knoblauchzehen fein hacken. Die Suppe in Teller füllen und mit dem Petersilien-Knoblauch-Gemisch bestreuen.
Beilage: Ungesalzenes Bauernbrot, Aïoli
Weinempfehlung: Ein Viña Sol vom Penedés (Katalonien)

Genueser Fischtopf

Burrida

Die Fischsuppe wird in einem Topf zubereitet, in dem sie auch aufgetragen werden kann.
Die gewaschenen Fische, Scampi und geputzten Tintenfische auf einem Durchschlag gut abtropfen lassen.
Die Zwiebeln in Würfel schneiden und in das heiße Olivenöl in den Suppentopf geben.
Die gehackten Sardellen und die im Mörser zerstoßenen oder gemahlenen Walnüsse hinzufügen und unter Wenden rösten, bis die Zwiebelwürfel beginnen, Farbe anzunehmen.
Die Tomaten brühen, abziehen und in Stückchen schneiden, dabei das harte gelbe Mark zurücklassen. In den Topf geben, den Rosmarin zufügen und 5 Minuten schmoren lassen.
Die Fische auf die Tomaten legen und mit Salz, Pfeffer und Origano bestreuen. Den Weißwein darübergießen und die Petersilie und das halbe Lorbeerblatt zu den Fischen geben. Zugedeckt bei leichter Hitze in etwa 20–25 Minuten weichkochen.
Im Kochtopf auftragen, die Fische würden beim Umfüllen auseinanderfallen.
Dünne im Ofen geröstete Weißbrotscheiben mit den durchschnittenen Knoblauchzehen abreiben und in sechs tiefe Teller verteilen. Die Fische mit ihrem Sud darüberfüllen.
Weinempfehlung: Ein ligurischer Vermentino

Zutaten für 6 Personen
Zubereitungszeit: 1 Stunde

1½ kg gemischte Meeresfische in dicken Scheiben (Dorade, Meeraal, Rascasse)
500 g kleine Scampi und kleine Tintenfische

500 g Zwiebeln
⅛ l Olivenöl
3 Sardellen
3 Walnüsse
500 g frische Tomaten
1 Zweiglein Rosmarin
Meersalz
Pfeffer
Origano
1 Glas Weißwein
2 EL gehackte Petersilie
½ Lorbeerblatt
dünne geröstete Weißbrotscheiben
2 Knoblauchzehen

Legierte Fischbouillon mit Einlage

Soupe de poissons eminces

Das Rezept stammt von Guy Savoy aus dem gleichnamigen Restaurant in Paris.

Die Gemüse in feine Streife schneiden. Die Tomate brühen, abziehen und in Würfel schneiden, dabei das harte gelbe Mark und die Kerne zurücklassen.
Das Olivenöl in einem Schmortopf erhitzen und das Gemüse darin leicht anbraten, es soll keine Farbe annehmen. Die Knoblauchzehen fein hacken und kurz mit durchschmoren. Mit der Fischbrühe aufgießen und die Tomatenwürfel hinzufügen. Das Kräutersträußchen, Safran, Salz und Pfeffer in die Suppe geben und 35 Minuten kochen lassen. Kräutersträußchen herausfischen. Die Suppe mit Sahne verrühren und abschmecken.
Die Fischfilets in hauchdünne Scheibchen schneiden. Auf 6 großen vorgewärmten Tellern anrichten und die kochendheiße Suppe darübergießen. Mit Kerbelblättchen bestreuen.
Beilage: Frisches Weißbrot
Weinempfehlung: Ein Muscadet von der Loire

Zutaten für 6 Personen
Zubereitungszeit: 45 Minuten

400 g Filet vom Petersfisch

1 Zwiebel, 1 Stange Lauch,
1 Möhre, 1 Tomate
5 cl Olivenöl
2 Knoblauchzehen
1 l Fischfond
1 Kräutersträußchen
1 g Safran, Meersalz und Pfeffer
100 g Sahne
Kerbel zum Garnieren

Aalsuppe
nach dem Fischereihafenrestaurant Hamburg

Zutaten für 4–6 Personen
Zubereitungszeit: 3 Stunden

750 g kleine Ostseeaale (beim Einkauf filetieren lassen, ergibt 300 g Aalfilet)

1 Schinkenknochen vom Katenschinken (ca. 2 kg)
Salbei, Thymian, Bohnenkraut, Majoran, Basilikum
200 g Backobst
1 Bund Suppengrün
2 Stangen Lauch
2 Möhren
1 Zwiebel
1 kleine Sellerieknolle
Meersalz, Pfeffer, Zucker
3 EL Johannisbeergelee
2 EL Essig
1–2 mürbe Äpfel (Golden Delicious)
150 g entsteinte Kurpflaumen
1 EL gehackte Petersilie
Schwemmklößchen:
80 g Butter
1 Prise Salz, etwas Muskat
125 g Mehl
3 Eier

Den Schinkenknochen in einem großen Suppentopf mit etwa 3 l Wasser bedeckt einmal aufkochen. Die Kräuter, das Backobst und das geputzte Suppengrün hinzufügen und bei schwacher Hitze 2 Stunden leicht kochen lassen.
Lauch, Möhren, Zwiebel und Sellerie in Streifen schneiden. Den vorbereiteten filetierten Aal in etwa 2 cm breite Stücke schneiden.
Die Schinkenbrühe durch ein Haarsieb geben, entfetten und mit Salz, Pfeffer Johannisbeergelee und Essig abschmecken. Erneut zum Kochen bringen und darin die Gemüsestreifen und nach 10 Minuten die Aalstücke langsam garziehen lassen.
Die Äpfel schälen, entkernen und in feine Scheiben schneiden. Die letzten Minuten zusammen mit den Pflaumen in der Brühe heiß werden lassen.
Für die Schwemmklößchen Butter, Salz und Muskat in ¼ l Wasser zum Kochen bringen. Vom Herd nehmen und das Mehl hineinschütten. Mit einem Holzlöffel so lange rühren, bis ein glatter Teig entsteht und sich am Topfboden eine dünne Haut bildet. Die Masse etwas abkühlen lassen, dann die Eier nacheinander unterrühren. Der Teig muß glatt sein, bevor das nächste Ei hinzukommt.
Von dem Teig mit zwei nassen Teelöffeln kleine Klößchen abstechen und in kochendem Salzwasser in 10 Minuten garziehen lassen.
Schwemmklößchen in die Aalsuppe legen, in tiefe Teller füllen und mit Petersilie bestreut servieren.
Getränke-Empfehlung: Ein Pilsener Bier

Aalragout

Matelote d'anguilles

Dieses besonders an der Loire beliebte Aalragout wird dort auch häufig mit in Rotwein gekochten Backpflaumen serviert – für das folgende Rezept braucht man 12–16 Stück.

Die Aale gleich beim Einkauf abziehen und in 4 cm lange Stücke schneiden lassen. Köpfe und Haut für den Fischfond mitnehmen.
Für die Marinade das Gemüse in kleine Würfel schneiden.
Die Aalstücke und das kleingeschnittene Gemüse in eine Schüssel geben, 1 Eßlöffel Öl hinzufügen und mit dem Wein übergießen. Gut miteinander vermischen und über Nacht stehen lassen.
Für die Fischbrühe die gewaschenen Fischabfälle in einen Topf geben, die Gewürze und die feingeschnittenen Gemüse hinzufügen. ¾ l Wasser darübergießen und zugedeckt 20 Minuten kochen, dabei den entstehenden Schaum abschöpfen. Die Fischbrühe durch ein Sieb geben.
Die Aalstücke aus der Marinade nehmen, gut abtropfen lassen, auf einem Küchenpapier trocknen und in Mehl wenden.
2 Eßlöffel Öl in einem Schmortopf erhitzen und die Zwiebeln darin anbraten. Die Aalstücke hinzufügen, mit Cognac übergießen und flambieren.
Das Tomatenmark zu dem Aal geben, mit der Marinade aufgießen und etwa 10–12 Minuten kochen lassen. Dann ½ l Fischbrühe hinzufügen. Falls die Brühe zu sauer ist, kann man 1–2 Würfel Zucker hineingeben.
Die Aalstücke herausnehmen und warmstellen. Die Fischbrühe einkochen lassen.
Den Schinkenspeck in feine Streifen schneiden, die Champignons putzen, waschen und kleinschneiden.
1 Eßlöffel Butter in einer Pfanne erhitzen und die Schinkenspeckstreifen darin anbraten. Die Champignons hinzufügen und kurz mitbraten.
1 Eßlöffel Butter mit 1 Eßlöffel Mehl verkneten und unter Rühren die eingekochte Fischbrühe damit binden. (Mir schmeckt es übrigens besser, wenn der eingekochte Fischsud nicht – wie es dieses Originalrezept vorschreibt – mit Mehl gebunden wird.)
Die Aalstücke auf einer vorgewärmten Platte anrichten, die Schinkenspeckstreifen und die Champignons darüber verteilen und mit der Sauce übergießen. Mit frischgehackter Petersilie bestreuen.
Beilage: Gegrilltes Landbrot oder in Butter gebratene Brotcroûtons
Weinempfehlung: Ein Chinon von der Loire

Zutaten für 4–6 Personen
Zubereitungszeit: 1 Stunde
Aal am Vortag marinieren

1½ kg frische mittelgroße Aale

etwas Mehl
2 EL Öl
16 kleine Zwiebeln
1 Gläschen Cognac
2 EL konzentriertes Tomatenmark
50 g Schinkenspeck oder Schinken
75 g Champignons
2 EL Butter
1 EL Mehl
1 EL gehackte Petersilie
Marinade:
1 Stückchen Stangensellerie
1 Möhre
1 EL Olivenöl
½ l Rotwein (Chinon)
Fischbrühe:
¼ Zitrone
einige Stengel Petersilie
einige Pfefferkörner Meersalz
1 Möhre
1 Zwiebel

PASTA UND REIS MIT MEERESDUFT

Die erste Begegnung mit einer bisher unbekannten Speise, die ein völlig neues Geschmackserlebnis bietet, bleibt oft unvergeßlich. Dabei muß es sich keineswegs um die Kreation eines Meisterkochs handeln. Zu meinen kulinarischen Sternstunden gehört zum Beispiel eine einfache Mahlzeit in einem kleinen lauten neapolitanischen Restaurant während meiner ersten Italienreise. Mir wurde ein Teller voll dampfender »Spaghetti ai frutti di mare« vorgesetzt, deren bloßer Anblick für mich schon ungeheuer verführerisch war: Nudeln, vermischt mit bunten Muscheln in den verschiedensten Formen, rosa Garnelen und winzige vielarmige Tintenfischchen. Und dieser verlockende Duft nach frischem Fisch, nach Jod und Meer! Der erste Bissen war eine Offenbarung. Die »al dente« gekochten Spaghetti waren ganz von dem aromatischen Saft der Meerestiere durchzogen, angereichert mit einem Hauch Knoblauch, Olivenöl und fremden Kräutern. Seitdem habe ich unzählige Male »frutti di mare« gegessen, aber dieses erste Mal vergesse ich nie.
Die Zubereitungsarten für Nudeln mit fangfrischen Meeresfrüchten sind in Italien seit Jahrhunderten unverändert. Ihre raffinierte Einfachheit ist durch keine noch so hohe Kochkunst zu verbessern, und italienische Hausfrauen beherrschen sie ebenso wie die Köche der Feinschmeckerlokale.
Für die klassischen »sughi tutto mare« verwendet man nicht etwa teure Edelfische, da sie keinen so intensiven Eigengeschmack haben, sondern die sogenannten »pesci azzurri«, die preiswerteren herzhaften »blauen Fische«, wie Sardinen und Thunfisch. Die weitaus meisten »sughi di pesce« werden allerdings aus Meeresfrüchten hergestellt, aus Muscheln aller Art, aus den verschiedenen Sorten der bizarren Tintenfische, aus kleinen Garnelen und größeren Scampi. Neben der Vielfalt der traditionellen Pastarezepte gibt es natürlich die »veredelten« Versionen der Luxusrestaurants, etwa die vor allem im Norden immer mehr in Mode kommenden hausgemachten Nudeln mit Räucherlachs und Sahne oder gar mit Kaviar – die die strengen »buongustai« kategorisch als »Auswüchse« ablehnen. Zum Thema Kaviar könnte man diesen Puristen vorhalten, daß die Fischer Sardiniens und Siziliens seit jeher »Bottarga« unter ihre Pasta mischten, den getrockneten Rogen von Meeräsche und Thunfisch, der inzwischen fast ebenso viel kostet wie echter Kaviar.
Die Kochzeit der Pasta reicht fast immer aus, den jeweiligen Sugo zuzubereiten, denn beides soll frisch nach kurzer Garzeit auf den Tisch kommen. Zu Nudelgerichten mit Meeresgetier wird im Gegensatz zu den meisten anderen Pastagerichten kein Parmesan verwendet, da sein kräftiger Geschmack das feine Aroma beeinträchtigen würde.
In Venetien, das über einen besonderen Reichtum an Meerestieren verfügt, zieht man von jeher edle Risottogerichte der Pasta vor. Fast noch intensiver als mit Nudeln verbindet sich der köstliche Saft der Tintenfische, Meereskrebse, Scampi und Jakobsmuscheln mit dem Reis. Für einen echten Risotto verwenden die Venetianer und Lombarden übrigens ausschließlich italienischen Rundkornreis.
Die spanische Version von Reis mit Meeresfrüchten ist die berühmte Paella. Im Gegensatz zu den leichten italienischen Risottogerichten ist sie eine sehr sättigende Hauptmahlzeit. Ihr Wohlgeschmack hängt nicht zuletzt von der Qualität der frisch gekochten Fischbrühe ab, mit der der Reis aufgegossen wird. Die Zubereitung der echten Paella »a la marinera« geschieht am besten über einem Holzkohlenfeuer in der flachen schwarzen Paellapfanne mit den beiden Griffen. Der Zeitaufwand ist beträchtlich, weil alle Zutaten, wie Fleisch, Schalen- und Krustentiere sowie Gemüse je nach Garzeit nacheinander hinzugefügt werden. Wenn am Ende der Garzeit dann Reiskorn an Reiskorn safrangelb und ölglänzend nebeneinander liegt, muß die Paella auch gleich gegessen werden. Sie werden feststellen, der Aufwand hat sich gelohnt.

Grüne Nudeln mit Räucherlachs und Kaviar

In Fisch- und Feinkostgeschäften gibt es Streifen von frischgeschnittenem Räucherlachs, die beim Schneiden der großen Lachsscheiben abfallen, die sich geschmacklich nicht von großen Lachsscheiben unterscheiden, aber nur die Hälfte kosten. Sie eignen sich gut für dieses Gericht. Die grünen Nudeln kann man in italienischen und deutschen Spezialgeschäften täglich frisch kaufen.

Den Lachs in Streifen, den Schnittlauch mit einer Schere fein schneiden.
3 l Wasser mit 1 Eßlöffel Öl und 20 g Salz in einem hochwandigen Topf zum Kochen bringen und die Nudeln darin in wenigen Minuten *al dente* kochen, Probenudel entnehmen vor dem Abgießen.
Die Sahne mit der Butter in einer hochwandigen Kasserolle erhitzen und bei leichter Hitze unter Rühren kurz etwas einkochen lassen. Den Lachs hinzufügen und 2 Minuten in der Sahne ziehen lassen.
Die Nudeln auf einen Durchschlag schütten und gut abtropfen lassen.
Zu der Lachssahne in der Kasserolle geben. Pasta und Lachs 1–2 Minuten bei leichter Hitze miteinander vermischen. Auf vier vorgewärmte Teller füllen, einen Löffel Kaviar in die Mitte setzen und mit etwas Schnittlauch bestreuen.
WEINEMPFEHLUNG: Ein trockener Rosé

Zutaten für 4 Personen, wenn noch ein weiterer Gang folgt
Zubereitungszeit: 15 Minuten

200 g geräucherter Lachs

250 g hausgemachte, sehr schmale grüne Eierbandnudeln
1 Eßlöffel Öl
20 g Salz
⅛ l Sahne
20 g Butter
Pfeffer
30 g Lachskaviar
½ Bund Schnittlauch

Penne mit Scampi

Penne sind kurze schräggeschnittene Röhrennudeln, die besonders gut für das folgende vorzügliche Scampigericht geeignet sind. Das Rezept stammt aus dem Restaurant »Locanda dell'Angelo« in Amelia (Ligurien).

Die Scampi waschen und vorsichtig aus den Schalen lösen. Die ausgelösten Schalen mit den Gewürzen und dem kleingeschnittenen Gemüse vermischen, mit Wasser bedecken und 15 Minuten kochen lassen. Die Brühe durch ein feines Sieb geben. Brühe erneut zum Kochen bringen und das Rotbarbenfilet darin 3 Minuten ziehen lassen. Brühe und Fisch im Mixer pürieren. Scampi in fingerbreite Stücke schneiden.
Das Öl in einer hochwandigen Pfanne oder Kasserolle erhitzen, die Knoblauchzehe darin hellgelb braten, die Petersilie und die Scampi hinzufügen und kurz durchrösten. Salzen und pfeffern.
Die Penne in 4 l kochendem gesalzenem Wasser nach Vorschrift auf der Packung in 12–14 Minuten kernig weich kochen lassen. Bereits nach 12 Minuten Kochzeit prüfen, ob sie *al dente* sind. Auf einen Durchschlag schütten und gut abtropfen lassen – etwas Nudelkochwasser aufheben.
In die Pfanne mit den Scampi geben, das Fischpüree hinzufügen und – wenn nötig – noch mit etwas Nudelkochwasser geschmeidig machen. Bei leichter Hitze alles gründlich miteinander vermischen.
Zuletzt den feingeschnittenen Sauerampfer und die Butter in Flöckchen mit dem Pastagericht vermischen. Sofort in heiße Teller füllen und auftragen.
WEINEMPFEHLUNG: Colli Sauvignon aus Friaul-Venezia Guilia

Zubereitungszeit: 40 Minuten

16 frische Scampi
100 g Rotbarbenfilet

Meersalz
10 Pfefferkörner
1 Möhre
1 Stange Bleichsellerie
1 kleine Zwiebel
2 Stengel Petersilie
6 EL feinstes Olivenöl
1 Knoblauchzehe
2 EL gehackte Petersilie
Pfeffer
400 g Penne oder Spaghetti
40 g Salz
2 große Blätter Sauerampfer
30 g Butter

Spaghetti mit Bottarga – Sardische Art

Italiens Feinschmecker schätzen eine besondere Kaviarart, Bottarga, den gesalzenen getrockneten Rogen von Meeräsche und Thunfisch. Er ist auch in Südfrankreich unter dem Namen Potargue bekannt. Bottarga sieht eher wie eine flache Wurst aus, nicht vergleichbar mit Kaviar. Man löst die schützende Wachsschicht und die Haut ab, bevor man sie in hauchdünne Scheiben schneidet, mit feinstem Olivenöl beträufelt und als Vorspeise zu Weißbrot und einem Glas Wein genießt. Mir schmeckt Bottarga besonders gut unter Spaghetti gemischt.

Zubereitungszeit: 20 Minuten

120 g Bottarga
1 Stückchen scharfe Pfefferschote (Peperoncino)
evtl. 1–2 Knoblauchzehen
6 EL feinstes Olivenöl
einige Blätter Basilikum
300 g Spaghetti
20 g Salz

Die Spaghetti in 3 l kochendem gesalzenem Wasser in 8–10 Minuten nach Vorschrift auf der Packung kernigweich kochen. Bereits nach 8 Minuten Kochzeit prüfen, ob sie *al dente* sind.
In der Zwischenzeit die Haut von der Bottarga ablösen, den Rogen in dünne Scheiben schneiden, dann hacken und mit zwei Gabeln auseinanderziehen, damit er in einzelne Körnchen zerfällt.
Die entkernte Pfefferschote in dünne Streifen schneiden, die Knoblauchzehen in kleine Würfel.
Das Olivenöl in einer hochwandigen Pfanne erhitzen und die Pfefferschotenstreifen und die Knoblauchwürfel darin bei leichter Hitze anbraten, sie sollen nicht bräunen.
Die Spaghetti auf einen Durchschlag schütten, gut abtropfen lassen und etwas Nudelkochwasser aufheben.
In die Pfanne mit dem gewürzten Öl geben und bei leichter Hitze 1–2 Minuten mit zwei Holzgabeln gründlich vermischen. Von der Kochstelle nehmen und die Hälfte der Bottarga daruntergeben und, wenn nötig, mit 2–3 Eßlöffel Nudelkochwasser geschmeidig machen. Auf vorgewärmte Teller füllen und mit der restlichen Bottarga und den streifig geschnittenen Basilikumblättern vermischt servieren.
Weinempfehlung: Ein weißer Nuragus di Cagliari

Spaghetti mit Venusmuscheln

Spaghetti alle vongole

Die auch äußerlich so hübschen Venusmuscheln sind besonders würzig und wohlschmeckend – die besten kommen noch immer aus dem Golf von Neapel und werden dort am liebsten mit Spaghetti vermischt gegessen.

Die Muscheln unter fließendem Wasser gründlich schrubben und dann waschen. Muscheln, die bereits geöffnet sind, wegwerfen. In einer Pfanne 1 Eßlöffel Öl erhitzen und die Muscheln unter Schütteln darin dünsten, bis sie sich geöffnet haben. Auf ein Sieb schütten. Das Muschelfleisch aus den Schalen lösen, Muschelwasser aufheben.
Das Muschelwasser durch ein feines Sieb geben, damit der Sand zurückbleibt.
Das restliche Öl in einer hochwandigen Pfanne oder Kasserolle erhitzen, die in Scheibchen geschnittenen Knoblauchzehen darin hellgelb braten und das Muschelkochwasser hinzufügen. Etwas einkochen lassen.
Inzwischen die Spaghetti in 4 l kochendem gesalzenem Wasser nach Vorschrift auf der Packung in 8–11 Minuten kernigweich kochen lassen. Bereits nach 8 Minuten Kochzeit prüfen, ob sie *al dente* sind. Auf einen Durchschlag geben und gut abtropfen lassen.
Das Muschelfleisch in die Pfanne geben und die Spaghetti sowie die Petersilie hinzufügen. Alles bei starker Hitze kurz vermischen und vorsichtig mit Salz und herzhaft mit frischgemahlenem Pfeffer abschmecken.
Weinempfehlung: Ein leichter frischer Capri bianco

Zubereitungszeit: 40 Minuten

1 kg Venusmuscheln

6 EL Olivenöl
2 Knoblauchzehen
400 g Spaghetti
40 g Salz
1 EL gehackte Petersilie
Meersalz
schwarzer Pfeffer

Spaghetti mit Meeresfrüchten in Folie

Spaghetti und Meeresfrüchte sind ein idealer Zusammenklang, und diesen Gaumengenuß kann man noch steigern, wenn man die Mischung kurz in einer Alufolie im Backofen erhitzt – dann kommt der herrliche Meeresduft beim Aufreißen der Folie ganz stark heraus. Nach folgendem Rezept habe ich sie immer im »Canzone del Mare« in Capri genossen.

Zubereitungszeit: 1 Stunde

500 g möglichst kleine Miesmuscheln
500 g Venusmuscheln
300 g unausgelöste Garnelen
einige möglichst kleine Tintenfische

½ kleine scharfe Pfefferschote
1 Knoblauchzehe
5 EL Olivenöl
½ Glas Weißwein
1 Gläschen Cognac
1 große reife Tomate
Meersalz
Pfeffer
300 g Spaghetti
30 g Salz
2 EL gehackte Petersilie

Die Muscheln sorgfältig auslesen und alle geöffneten Muscheln wegwerfen. Unter fließendem Wasser gründlich bürsten, von den »Bärten« befreien und dann waschen. Auf einem Durchschlag gut abtropfen lassen. Die ungekochten Garnelen aus den Schalen lösen. Die geputzten Tintenfische in Ringe schneiden, besonders kleine ganz lassen.

Die Pfefferschote und die Knoblauchzehe in Scheiben schneiden und in einer tiefen Pfanne in 3 Eßlöffeln Öl hellgelb rösten. Die Muscheln und die Tintenfischringe hinzugeben und unter gelegentlichem Schütteln der Pfanne nur wenige Minuten erhitzen, bis sich die Muscheln geöffnet haben. Die Muscheln herausnehmen. Muscheln, die sich nicht geöffnet haben, wegwerfen. Den Sud durch ein feines Sieb geben, damit der Sand zurückbleibt. Einen Teil der Muscheln aus der Schale lösen und mit den restlichen Muscheln, den geschmorten Tintenfischen und dem Sud wieder in die Pfanne geben. Die ausgelösten Garnelen hinzufügen, dann den Wein und den Cognac, und weitere 3 Minuten schmoren lassen.

Die Tomate brühen, abziehen und in Stückchen schneiden, dabei das harte gelbe Mark und die Kerne zurücklassen. In einer zweiten Pfanne die Tomatenstückchen in dem restlichen Öl 5 Minuten schmoren lassen. Zu den Muscheln geben und mit Salz und frischgemahlenem Pfeffer abschmecken.

Inzwischen die Spaghetti in 3 l kochendem gesalzenem Wasser nach Vorschrift auf der Packung in 8–11 Minuten kernigweich kochen lassen. Bereits nach 8 Minuten Kochzeit prüfen, ob sie *al dente* sind. Sie dürfen bei diesem Rezept noch etwas fester als üblich sein. Auf einen Durchschlag schütten und gut abtropfen lassen. Zu den Meeresfrüchten in der Pfanne geben, die Petersilie hinzufügen und alles sorgfältig miteinander vermischen.

Das Spaghetti-Meeresfrüchte-Gemisch portionsweise in die Mitte von vier großen Alufoliebogen geben und die Folie fest darüber verschließen. Es darf kein Saft auslaufen. Im vorgeheizten Backofen bei 250° nur 3–4 Minuten erhitzen, bis sich die Folie aufgebläht hat.

Sofort verschlossen auftragen.

Weinempfehlung: Ein trockener Elba bianco

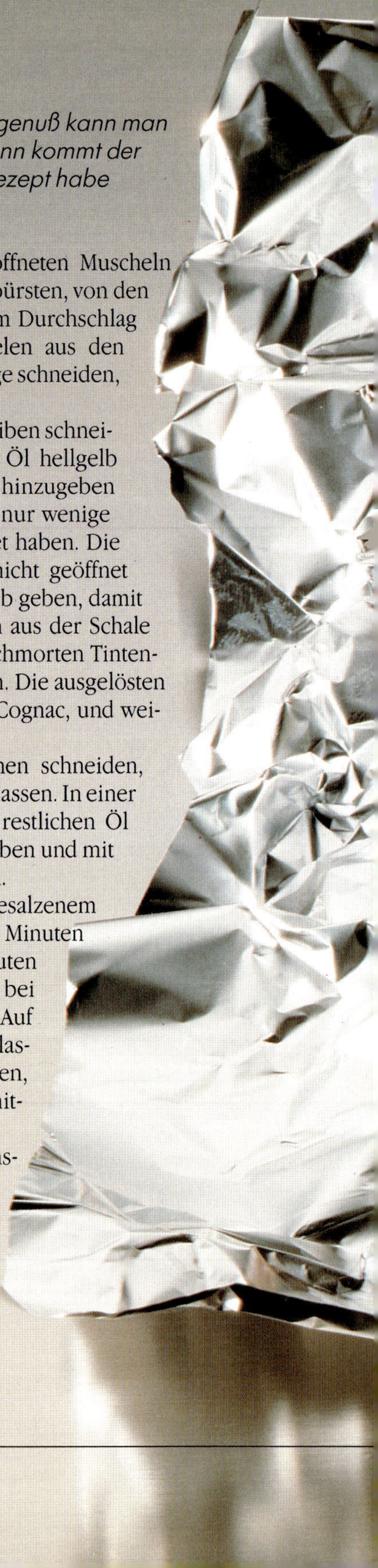

Juans paella

Arroz a la marinera en paella

Foto Seite 56/57

Mein Rezept für die folgende »Paella« stammt von einem ibizenkischen Fischer, der sie uns, als Ibiza noch ibizenkisch war, oft auf einem Holzkohlenfeuer gekocht hat. Dieses üppige Reisgericht nachzukochen, lohnt nur, wenn man wenigstens 8 Personen um die große Eisenpfanne mit den zwei Griffen, »paella« genannt, versammelt hat.
»Comer enseguida, Señora« sagte Juan jedesmal beschwörend, wenn er die Paella auf den Tisch am Strand setzte. Und als wir einmal eine Viertelstunde zu spät zu der bestellten Paella kamen, hat er tagelang nicht mit uns gesprochen.

Zutaten für 8 Personen
Zubereitungszeit: 2 Stunden

1 junges Hühnchen
250 g Schweinefleisch
400 g Miesmuscheln
400 Tintenfisch (Kalamare)
400 g Garnelen
8 kleine Langustinen (Gambas)
10 EL Olivenöl
1 Zwiebel
3 Knoblauchzehen
1 rote und 1 grüne Paprikaschote
600 g Reis
150 g ausgelöste junge Erbsen
1 Tomate
0,5 g Safran
Meersalz
Fischbrühe:
2 Fischköpfe (von Kabeljau oder Seehecht) und Gräten
einige kleine Taschenkrebse
1 Bund Suppengrün
1 Zwiebel
1 kleine rote Pfefferschote
Meersalz

Das Huhn in 8 oder 12 Teile hacken, das Schweinefleisch in Würfel schneiden. Die vorbereiteten Zutaten für die Fischbrühe mit 1½ l Wasser bedeckt 20 Minuten kochen lassen.
Die Muscheln verlesen – geöffnete fortwerfen – und unter fließendem Wasser gründlich schrubben, die anhängenden »Bärte« entfernen. Die Tintenfische ebenfalls gründlich waschen, das Innere entfernen und mit einem spitzen Messer die Tintensäckchen und die Augen herausholen. Die Fangarme in Stückchen, die Körper in Streifen schneiden. Große Garnelen auslösen, kleine in der Schale lassen.
Die Hälfte des Olivenöls in einer hochwandigen Pfanne erhitzen und zuerst die Garnelen darin anbraten und wieder herausnehmen, dann die Langustinen in der Schale anbraten und wieder herausnehmen. Nun hat das Öl einen feinen Geschmack von Krustentieren.
Die Zwiebel in Würfel schneiden. Zwiebel und geschälten Knoblauch in dem Öl glasig braten. Hühnerstücke, Schweinefleischwürfel und die entkernten, in Streifen geschnittenen Paprikaschoten hinzufügen. 20 Minuten dünsten.
Inzwischen eine große Paellapfanne auf den Herd, besser noch auf einen großen Holzkohlengrill im Freien, setzen und das restliche Öl hineingeben. Den Reis hineinschütten und unter Rühren anbraten. Die vorbereiteten Tintenfische hinzufügen, kurz mit durchschmoren und das Fleisch und die Paprikastreifen aus der Pfanne in die Paella geben.
Nach und nach mit der durch ein Sieb passierten kochenden Fischbrühe aufgießen, die Erbsen und die abgezogene, in Stückchen geschnittene Tomate hinzugeben und die im Mörser zerstoßenen Safranfäden. Salzen.
20 Minuten bei leichter Hitze kochen lassen, dabei hin und wieder schütteln.
Inzwischen die Muscheln in einer Pfanne erhitzen und die Oberschale der geöffneten Muscheln ablösen (geschlossene Muscheln wegwerfen).
Die Garnelen und die Langustinen in der Schale sowie die Muschelhälften an die *Paella* geben, erhitzen und probieren, ob die Reiskörner *al dente* sind – also weich mit einem kleinen festen Kern. Die Flüssigkeit der Fischbrühe soll ganz von dem Reis aufgesogen sein, aber er muß feucht bleiben.
Von der Kochstelle nehmen und das fertige Gericht genau 5 Minuten ruhen lassen, bevor es aufgetragen wird. Die dekorativen Langustinen herausfischen und sternförmig auf der *Paella* anrichten.
Weinempfehlung: Ein trockener Weißwein aus der Region Valencia

Schwarzer Risotto

Als mir in Venedig vor vielen Jahren das erste Mal der schwarze Reis vorgesetzt wurde, hielt mich nur der erwartungsvoll danebenstehende »padron« des Restaurants, der immerzu »Coraggio, Signora« sagte, davon ab, den dunklen Risotto stehen zu lassen. Heute gehört der so herrlich klebrige, nach Meer und Jod schmeckende Risotto zu jeder Reise nach Venedig.

Zubereitungszeit: 1 Stunde

800 g junge kleine frische Tintenfische (Kalamare)

2 Knoblauchzehen
1 kleine Zwiebel
6 EL Olivenöl
½ Glas trockener Weißwein
2 TL Tomatenmark
400 g italienischer Rundkornreis
1¼ l Fischbrühe (aus dem Glas)
Meersalz
grobgemahlener Pfeffer

Die Tintenfische gründlich waschen und das Innere entfernen (aber die Säckchen mit der schwarzen und gelblichen Flüssigkeit aufheben). Mit einem spitzen Messer die Augen herausstechen und die Tintenfische erneut waschen. Die Fangarme und den Körper in Streifen schneiden.
Die Knoblauchzehen fein wiegen, die Zwiebel in Würfel schneiden.
Das Öl erhitzen und Knoblauch und Zwiebelwürfen darin glasig braten. Die Tintenfischstückchen hinzugeben und hellgelb braten. Mit dem Wein aufgießen. Das Tomatenmark mit etwas warmem Wasser auflösen und zu dem Wein geben.
Nach einer halben Stunde Kochzeit, wenn der Wein verdampft ist, den Reis in den Topf mit den Tintenfischen geben und etwas durchrösten. Nach und nach mit der kochenden Fischbrühe aufgießen, der Reis soll immer sprudelnd kochen. Nach 20 Minuten Kochzeit den gelben und den schwarzen Saft aus den Taschen der Tintenfische an den Reis geben und noch einmal 2 Minuten durchkochen lassen. Wenn nötig, mit Salz abschmecken. Mit Pfeffer bestreut servieren.
Weinempfehlung: Ein venetianischer Piave Merlot

Risotto mit Scampi

Zubereitungszeit: 40 Minuten

20 unausgelöste Scampischwänze

100 g Butter
1 kleine mit 3 Nelken gespickte Zwiebel
1 Zweiglein Thymian
300 g italienischer Rundkornreis
1 Glas trockener Weißwein
½ l Fleischbrühe
Mehl
1 Zwiebel
1 Gläschen Cognac
1 EL Tomatenmark
1 EL edelsüßer Paprika
150 g Crème fraîche
Meersalz, weißer Pfeffer, Petersilie

50 g Butter in einem Schmortopf zerlassen, gespickte Zwiebel und Thymian hinzufügen. Kurz durchschmoren. Den Reis in den Topf geben und unter ständigem Rühren 5 Minuten durchrösten, bis er beginnt, glasig zu werden. Den Wein hinzufügen und, wenn er völlig aufgesaugt ist, nach und nach mit der kochenden Fleischbrühe aufgießen. Unter Umrühren im offenen Topf brodelnd kochen lassen, bis der Reis *al dente*, also weich mit einem festen Kern ist. Zwiebel und Thymianzweig herausfischen.
Scampischwänze auslösen, leicht in Mehl wenden und in der restlichen Butter in einer Kasserolle bei starker Hitze schnell von allen Seiten leicht anbräunen. Aus der Pfanne nehmen und warmstellen. In der gleichen Pfanne die in kleine Würfel geschnittene Zwiebel glasig braten, mit dem Cognac aufgießen und einkochen lassen. Das Tomatenmark, den Paprika und die Crème fraîche hinzufügen, einkochen lassen und mit Salz und frischgemahlenem Pfeffer abschmecken. Durch ein Sieb geben.
Die Scampi in eine flache vorgewärmte Schüssel füllen und mit der Sauce übergießen. Mit gehackter Petersilie bestreuen.
Den Risotto getrennt zu den Scampi reichen oder beides gründlich miteinander vor dem Auftragen vermischen.
Weinempfehlung: Ein trockener Franciacorte aus der Lombardei

FISCH IM SUD UND AUF DAMPF

Fische in ihrem eigenen Element, dem Wasser, zu garen, ist eine der ältesten und schonendsten Zubereitungsarten für alle eßbaren Meerestiere. Die Berufsfischer, die es wissen müssen, schwören noch heute darauf, daß ein Meeresfisch am besten schmeckt, wenn er ohne jede weitere Zutat einfach in Meerwasser gekocht wird. Auf hoher See an Bord mit fangfrischem Fisch oder Hummer sicher keine schlechte Garmethode!
Aber ein bißchen ausgelaugt wird der Fisch auf diese Art doch. Darum und auch, weil uns sauberes Meerwasser ja gar nicht zur Verfügung steht, bereitet man besser beim Pochieren von Fisch zuerst aus Gemüsen, Kräutern und Gewürzen eine feindosierte Kochbrühe – eine *court-boillon* – zu, in der die Fische nicht kochen, sondern nur garziehen. Pochiert werden vor allem große Fische. Deshalb braucht man dazu unbedingt einen länglichen Kochtopf, in den der ganze Fisch paßt, besser noch einen Spezialfischtopf – möglichst mit Siebeinsatz, damit der Fisch nach genau überwachter Kochzeit unversehrt herausgehoben werden kann. Pochieren ist die klassische Zubereitungsart, »Fisch im Sud« genannt.
Seitdem ich jedoch herausgefunden habe, wieviel stärker der Eigengeschmack und die Festigkeit der Fische erhalten bleiben, wenn sie auf Dampf gegart werden, wird bei mir Fisch kaum noch pochiert. In den subtilen Küchen Chinas und Japans war das Garen mit Dampf schon immer eine der beliebtesten Kochmethoden, und auch die modernen Köche Europas bereiten Fisch immer häufiger *à la vapeur* zu. Wichtigstes Gerät hierfür ist ein Dampfsieb aus Bambus oder ein Siebeinsatz, in das der Fisch gelegt wird, bevor die Siebe auf den Wok oder den Dampftopf gesetzt werden. Es genügt aber auch eine feuerfeste Platte. Die muß wiederum auf eine umgedrehte Schüssel in den Kochtopf gesetzt werden, um genügend Abstand zum Topfboden und dem aufsteigenden Wasserdampf zu haben. Dabei kann man die Fische auf aromatische Gemüseblätter oder Kräuter legen oder den Wasserdampf selbst mit Safran, Basilikum, Koriander oder Lorbeerblättern würzen. Wenn der Topf fest mit dem Deckel verschlossen ist, teilen sich dann die Düfte und Aromen verhalten dem Dampfgut mit.
Für das Garen auf Dampf sind ganze Fische, Fischstücke und Meeresfrüchte geeignet.
Genial ist die Fischküche *à la vapeur* des französischen Kochs Michel Guérard. Er hat nicht nur die jahrhundertealte Methode, Fische auf Algen zu dämpfen, neu belebt, bei der den Fischen der Geruch von Meer und Jod zurückgegeben wird, der frisch gefangenen Fisch auszeichnet. Michel Guérard dämpft auch Süßwasserfische, diese aber auf einem Bett von duftenden Wiesenkräutern und Blumen. Danach schmeckt die bravste Zuchtforelle wie eine frisch gefangene Bachforelle nach Sommer und blumenbestandenen Uferrändern.
Für kleinere Fischstücke ist auch das Gardämpfen auf würzigen Gemüsen zu empfehlen. Das kleingeschnittene Gemüse wird mit wenig Wasser und einem Stückchen frischer Butter gedünstet, bis das Gemüse nur noch knapp mit Flüssigkeit bedeckt ist. Darauf kommen die Fische und ziehen, hermetisch zugedeckt, in dem würzigen Gemüsefond gar. Das Gemüse ist dann gleich ein würziger Saucenfond.
A propos Saucen: Auf Dampf gegarte Fische können in ihrer raffinierten Schlichtheit einfach mit zerlassener Butter übergossen oder mit einer *beurre blanc* serviert werden. Aber sie sind auch prädestiniert, mit jeder guten Sauce eine ideale Geschmacksverbindung einzugehen.

Pochierter Hecht im Kräutersud

Pochierter Hecht mit einer aufgeschlagenen Buttersauce (»beurre blanc«) ist eines der klassischen Fischgerichte von der Loire. Jedoch hat dort in seinem Revier in den letzten Jahren der Zander den Hecht weitgehend verdrängt.

Wasser, Wein, Essig und Salz mit dem in Scheiben geschnittenen Gemüse, den Kräutern und Gewürzen 20 Minuten kochen und völlig erkalten lassen. Den ausgenommenen Hecht waschen, aber nicht schuppen. In den erkalteten Sud legen und bis zum Kochen bringen. Bei leichter Hitze in etwa 15 Minuten garziehen lassen, der Fischsud darf nicht sprudelnd kochen.
Inzwischen die Buttersauce nach dem folgenden Rezept zubereiten.
Den Fisch mit einem Fischheber vorsichtig auf eine heiße Platte geben. Die Haut entfernen und das Fischfleisch vorsichtig von der Hauptgräte lösen. Den Hecht mit einem Teil der Buttersauce übergießen, den Rest der Sauce getrennt dazu reichen.
Die Platte mit Zitronenspalten und Petersilie garnieren.
Beilage: Gedämpfte Kartoffeln, Salat
Weinempfehlung: Loirewein wie z. B. ein trockener Vouvray

Zubereitungszeit: ca. 1 Stunde

1 Hecht (ca. 1–1,2 kg), ebenso geeignet sind auch andere größere Fische wie Donauwaller, Karpfen, Zander oder Wolfsbarsch

1 l Wasser
1 Flasche trockener Weißwein
⅛ l Weinessig
25 g Meersalz
1 Möhre
2 Zwiebeln
1 Lorbeerblatt, 1 Zweiglein Thymian
einige Stengel Petersilie
2 Nelken
1 Rezept Buttersauce, Zitrone, Petersilie

Buttersauce

Beurre blanc

Das Rezept für die berühmte »beurre blanc angevin«, die aufgeschlagene Buttersauce, bekam ich von dem inzwischen verstorbenen Koch Albert Augereau aus »Les Rosiers« an der Loire. Er wurde unter seinen Kollegen wegen seiner schmelzenden Buttersauce »le roi du beurre blanc« genannt. Von ihm habe ich gelernt, daß die Sauce während der Zubereitung nie heißer als 50–60 Grad werden darf und mit ungesalzener Butter, am besten Echirébutter, hergestellt wird.

Die gekühlte Butter in Stückchen von etwa 15 g zerteilen und weich werden lassen. Die Schalotten in ganz kleine Würfel schneiden. In einem kleinen Topf die Schalottenwürfel mit Essig und Wein so lange einkochen lassen, bis alle Flüssigkeit verdampft ist. Abkühlen lassen.
In einer kleinen Kasserolle mit schwerem Boden einen Eßlöffel Wasser aufkochen lassen. Bei ganz leichter Hitze (bei Gas Asbestplatte) unter ständigem Schlagen mit einem Schneebesen die Hälfte der Butterflöckchen hinzugeben. Von der Kochstelle nehmen und die Hälfte der Essig-Schalotten-Reduktion hinzufügen. Weiter bei schwacher Hitze nach und nach die restliche Butter unter Schlagen mit der Sauce vermischen – immer darauf achten, daß die Sauce nicht zu heiß wird. Die restliche Reduktion an die Sauce geben und mit Salz und frischgemahlenem Pfeffer abschmecken. Begleitung zu edlen Fischgerichten, Schalen- und Krustentieren.

Zubereitungszeit: 25 Minuten
250 g ungesalzene Butter
4 graue Schalotten
10 cl bester Weißweinessig
5 cl Loirewein
Salz
weißer Pfeffer

Forellen auf Wiesenkräutern gedämpft

Die Kräuter für das folgende Rezept kann man sich von einem Spaziergang mitbringen – sie sollten nur nicht zu nahe an verkehrsreichen Straßen wachsen.

Zutaten für 2 Personen
Zubereitungszeit: 25 Minuten

2 Forellen (je 250 g), ebenso geeignet sind auch andere kleine Süßwasserfische wie Renken, Saibling oder Trüschen.

Salz
3 Handvoll frische Wiesenkräuter (Gras, Klee, junge Brennesseln, wilder Sauerampfer, Minze, Bachkresse)
einige Stengel Petersilie und Kerbel
1 Tasse Wasser

Die Fische ausnehmen, vorsichtig waschen und auf einem Küchenpapier gut abtropfen lassen. Leicht mit Salz einreiben. Die ganz frischen Kräuter waschen, die Hälfte in einen länglichen Fischtopf oder Schmortopf geben und die vorbereiteten Fische auf die Kräuter legen. Mit den restlichen Kräutern bedekken und mit dem Wasser übergießen. Den Deckel auf den Topf geben und zusätzlich mit einer Alufolie verschließen. Den Topf auf die Kochstelle geben und in 5 Minuten bei starker Hitze zum Kochen bringen. Die Fische bei leichter Hitze in 15 Minuten gardämpfen.
Im Topf auftragen oder auf eine vorgewärmte Platte geben. Mit frischen Kräutern garnieren.
Bei Michel Guérard werden noch 2 gekochte Krebse als Garnitur verwendet.
Beigabe: Zerlassene Butter oder Buttersauce
Weinempfehlung: Ein blumiger Weißwein wie ein Sauvignon oder ein junger Chardonnay

Lachs im Bambuskörbchen

Foto Seite 66/67

Wer keinen Dampfkorb aus Bambus oder einen Dampfeinsatz aus Metall besitzt, kann eine feuerfeste kleine Schüssel umgedreht in einen großen Kochtopf (mit festschließendem Deckel) setzen, den Topf zweifingerhoch mit Wasser füllen und auf einer Platte die angerichteten Kartoffelscheiben mit dem Fisch hineinsetzen. Gut zugedeckt gardämpfen.

Zutaten für 2 Personen
Zubereitungszeit: 45 Minuten

300 g Lachs (geschnitten gewogen)

2 große mehlige Kartoffeln (ca. 400 g)
20 g Butter
Meersalz
Pfeffer
Sauce:
2 EL Saft von einer Limette
4 EL Olivenöl
je 1 TL gehackter Kerbel, Petersilie, Basilikum und Schnittlauch

Den Lachs quer zur Faser in dünne Schnitzel schneiden lassen.
Die Kartoffeln waschen, schälen und in 1 mm dicke, also hauchdünne, Scheiben schneiden, leicht salzen und pfeffern.
Den Boden von einem chinesischen Dampfkorb oder einem großen Dampfsieb fächerartig mit den Kartoffelscheiben auslegen.
In einen zweifingerhoch mit Wasser gefüllten Topf geben und gut verschließen. 4 Minuten dämpfen lassen.
Den Deckel wieder abnehmen und die leicht gesalzenen und gepfefferten Fischschnitzel fächerartig auf den Kartoffelscheiben verteilen. Fisch und Kartoffeln mit Butterflöckchen besetzen. Den Topf wieder verschließen und den Fisch in weiteren 4 Minuten gardämpfen.
Für die Sauce den Limettensaft und das Olivenöl im Mixer mit den Kräutern zu einer glatten Sauce pürieren. Mit Salz und Pfeffer abschmecken.
Im Dampfkorb oder auf einer Platte servieren. Mit der Sauce beträufeln. Die restliche Sauce getrennt dazu reichen.
Weinempfehlung: Loirewein wie Pouilly-Fumé

Heilbuttschnitten auf Gemüsedampf

Zutaten für 2 Personen
Zubereitungszeit: 30 Minuten

2 Scheiben (je 200 g) Heilbutt, ebenso geeignet sind auch Fischscheiben (Koteletts) von Kabeljau, Steinbutt, Lachs oder Seeteufel

1 mittelgroße Zwiebel
1 Möhre
1 Stange Sellerie
100 g Champignons
Meersalz
1 Stückchen Ingwerwurzel (3 cm)
20 g Butter
½ Glas Weißwein
½ Tasse Wasser
3 EL Crème fraîche
1 TL abgezupften Kerbel

Die Zwiebel in Würfel schneiden, die Möhre und die Selleriestange in Scheiben. Die Champignons putzen und ebenfalls in Scheiben schneiden. Die geschälte Ingwerwurzel auf der Rohkostreibe raffeln.
Das vorbereitete Gemüse in eine Kasserolle mit schwerem Boden und festschließendem Deckel geben, leicht salzen, die Butter in Flöckchen sowie den Ingwer hinzufügen. Den Wein und das Wasser über das Gemüse gießen und bei leichter Hitze 15 Minuten kochen lassen – die Flüssigkeit soll zum Schluß fast verdampft sein.
Die Heilbuttschnitten auf das Gemüse legen, den Deckel ganz fest schließen und den Fisch in 3 Minuten gardämpfen (Lachs und Seeteufel brauchen 5 Minuten).
Den Fisch auf eine vorgewärmte Platte geben und mit Alufolie bedeckt warmstellen.
Die Crème fraîche zu dem Gemüse geben und 2 Minuten durchkochen lassen. Mit Salz und Kerbel abschmecken und über dem Fisch verteilen.
Beilage: Hausgemachte Eiernudeln
Weinempfehlung: Ein milder badischer oder Rheingauer Müller-Thurgau

Klippfisch mit Aïoli

In der Provence ist der »Aïoli« – gedämpfter Klippfisch von bunten knackigem Gemüse umrandet und mit einer milden knoblauchduftenden Mayonnaise gleichen Namens serviert – das typische Freitagessen. Manchmal werden dem »Aïoli« noch gekochte Schnecken hinzugefügt.

Den Klippfisch in 2–3 Stücke schneiden und in reichlich Wasser 24 Stunden einweichen – das Wasser hin und wieder erneuern.
Am nächsten Tag das Gemüse putzen und in Streifen oder große Stücke schneiden. Die Kartoffeln schälen.
Gemüse und Kartoffeln getrennt in gesalzenem Wasser oder auf Dampf knackig garkochen.
Während das Gemüse kocht, ein Dampfsieb mit einer Alufolie auslegen und den Klippfisch darauflegen. Den Fisch über Dampf im geschlossenen Topf in 8 Minuten garkochen.
Für den *Aïoli*, der dem Gericht seinen Namen gibt, die Knoblauchzehen abziehen, die grünen Keime entfernen und den Knoblauch im Mörser fein zerstampfen. Die Eigelb und ¼ Teelöffel Salz hinzugeben. Verrühren und ganz langsam unter ständigem Rühren 4–5 Eßlöffel Öl hinzufügen. Dann Zitronensaft und 1 Eßlöffel lauwarmes Wasser mit dem Öl verrühren. Ganz langsam das restliche Öl in die Knoblauchmayonnaise rühren und ein paar Spritzer Zitronensaft hinzufügen. Nach altem provenzalischem Rezept wird eine gekochte, pürierte Kartoffel an den *Aïoli* gegeben.
Den Klippfisch auf eine vorgewärmte Platte oder 4 Teller geben und die Gemüse und die Kartoffeln als bunten Kranz um den Fisch anrichten.
Den *Aïoli* getrennt dazu reichen. Er wird beim Essen direkt über den warmen Klippfisch gegeben.
Weinempfehlung: Ein leicht gekühlter, provenzalischer Rosé oder Rotwein

Zubereitungszeit: 2 Stunden
Klippfisch 24 Stunden vorher wässern

800 g Klippfisch

500 g kleine Möhren
500 g Prinzeßbohnen
8 Frühlingszwiebeln mit Grün oder
4 Stangen junger Lauch
1 Knolle Fenchel oder
1 kleiner Kopf Blumenkohl
800 g kleine Kartoffeln
Salz
4 hartgekochte Eier
Aïoli:
6 Knoblauchzehen
2 Eigelb
Salz
¼ l Olivenöl
Zitronensaft

Meeresfisch auf Algen gedämpft

Seetang ist nicht immer leicht zu bekommen. Am ehesten findet man ihn in Fischgeschäften und Spezialabteilungen großer Kaufhäuser, die Austern verkaufen, denn diese werden bei Lieferung zwischen Algen verpackt. Als Ersatz für die Algen empfiehlt Michel Guérard den Topf mit 2 Handvoll glatter Petersilie auszulegen (in diesem Fall das Kochwasser salzen). Auf dem Foto sind Gemüsealgen für das Dämpfen des Fisches verwendet worden – zum Nachkochen genügen die einfachen Algen, in denen die Austern verpackt werden.

Zubereitungszeit: 30 Minuten

1 ganzer Seefisch (ca. 1,2 kg) wie Seelachs, Dorsch, Angelschellfisch, Dorade, Wolfsbarsch oder 2 kleinere Seefische wie Seezunge, Merlan

2 Handvoll frischer Seetang (Algen)
Meersalz
Pfeffer
⅛ l Wasser

Die Algen gründlich unter fließendem Wasser waschen, bis sie ganz sauber sind. Wenige Sekunden in ungesalzenem Wasser blanchieren. Den ausgenommenen und gewaschenen Fisch (nicht schuppen) mit einem Küchentuch abtrocknen und von innen mit Salz und Pfeffer einreiben.
In einen länglichen Schmortopf oder einen Fischkochtopf die Hälfte der Algen geben, das Wasser darübergießen und den Fisch daraufbetten. Mit den restlichen Algen bedecken und den Topf fest verschließen. Den Fisch bei starker Hitze sprudelnd in 20 Minuten gardämpfen.
Eine vorgewärmte Platte mit einigen Algen auslegen und den Fisch darauf anrichten. Haut des Fisches vorsichtig abziehen, Fischfilets von Hauptgräte lösen. Sauce getrennt dazu reichen.
Beilage: Grüne Kräutersauce (s. unten), Dampfkartoffeln
Weinempfehlung: Ein trockener französischer Weißwein wie Entre-Deux-Mers oder ein Muscadet

Grüne Kräutersauce

Zubereitungszeit: 20 Minuten

1 Sträußchen Petersilie
einige Blättchen Basilikum
1 Knoblauchzehe
2 EL Kapern
2 Sardellenfilets
2 EL Semmelbrösel
Salz, Pfeffer
2 EL Aceto Balsamico oder guter Weinessig
⅛ l Olivenöl extravergine

Entstielte Petersilie, Basilikumblätter, Knoblauchzehe, Kapern und Sardellen sehr fein hacken. Semmelbrösel mit Salz und Essig verrühren und mit den feingewiegten Zutaten vermischen. Nach und nach Öl hinzurühren, es soll eine halbfeste Sauce entstehen. Zum Schluß mit frischgemahlenem Pfeffer vermischen.

Ragout von der Seeforelle mit Thymianöl

Das folgende Gericht für ein Ragout von der Seeforelle habe ich im »Restaurant del Sole« in Ranco am Lago Maggiore mit großen Genuß gegessen – es ist ein guter Beweis dafür, wie ein nur auf Dampf gegarter Fisch, mit feinstem gewürzten Olivenöl übergossen, eine vollkommene Mahlzeit sein kann, wenn sie ein großer Koch wie Carluccio Brovelli zubereitet. Hier ist das Rezept:

Zutaten für 4 Personen – als Hauptgericht für 2 Personen
Zubereitungszeit: 40 Minuten
(Thymianöl am Vortag zubereiten)

1 frisch geschlachtete Seeforelle (1 kg), auch andere frisch gefangene Süßwasserfische wie Saibling, Renke oder Waller

300 cl bestes Olivenöl extravergine
5 Zweiglein frischer Thymian
Meersalz
200 g frische Spinatblätter
200 g rote Paprikaschote

Die Forelle gleich beim Einkauf ausnehmen und filetieren lassen.
Das Olivenöl am Vortag mit den abgestreiften Thymianblättern und einer Prise Salz im Mixer vermischen und über Nacht ziehen lassen.
Die Forelle in daumengroße Stücke schneiden.
Die Spinatblätter gründlich waschen, die entkernte Paprika in ganz feine Streifen schneiden. Die Paprikastreifen in kochendem, leicht gesalzenem Wasser in wenigen Minuten *al dente* kochen.
Die Spinatblätter in leicht gesalzenem Wasser kurz aufkochen, dabei die Blätter vorsichtig einlegen, damit sie nicht zu sehr aneinanderkleben.
Die Forellenstücke in das Sieb eines Dampfkochtopfes legen und wenig Wasser in den unteren Topf geben. Fest zugedeckt in 5 Minuten gardämpfen.
Vier vorgewärmte Teller mit den gut abgetropften Spinatblättern auslegen, die abgetropften Forellenstücke und die Paprikastreifen darauf anrichten und mit dem Thymianöl übergießen.
Beilage: Dampfkartoffeln
Weinempfehlung: Carluccio Brovelli empfiehlt dazu einen Pinot Chardonnay oder einen Malvasia secco.

Gedämpfter Saibling mit Zitronensauce

Zubereitungszeit: 40 Minuten

2 Saiblinge (je 500 g) oder 1 Saibling (ca. 1 kg), ebenso geeignet für dieses Rezept ist Merlan, Dorsch oder Kretzer

1 EL gehacktes Suppengemüse
Meersalz
einige Pfefferkörner
2 Stengel Kerbel
⅛ l Fischbrühe
einige Salatblätter
100 g Butter
½ Zitrone
1 Prise Cayennepfeffer

Für die Zubereitung der Fischbrühe beim Einkauf der Fische 1–2 Fischköpfe von Edelfischen (Kiemen auslösen) mit geben lassen. Mit Suppengemüse, Salz und einigen Pfefferkörnern in ¼ l Wasser 20 Minuten bei leichter Hitze kochen lassen.
Die ausgenommenen und gewaschenen Saiblinge innen mit Salz einreiben und in jeden Fisch einen Stengel Kerbel legen. Die Fischbrühe durch ein Sieb in einen Topf mit Dampfeinsatz geben und ein Stückchen Zitronenschale hinzufügen.
Den Dampfeinsatz mit Salatblättern auslegen und die Fische vorsichtig so hineinlegen, daß sie einander nicht berühren. Den Topf verschließen und die Saiblinge je nach Größe in 10–15 Minuten gardämpfen.
Die Fischbrühe auf ⅛ l Flüssigkeit einkochen und unter ständigem Schlagen die Butter in Flöckchen, etwas abgeriebene Zitronenschale und den Zitronensaft hinzufügen. Mit einem Hauch Cayenne abschmecken.
Die Fische auf eine heiße Platte geben, die Haut ablösen und das Fleisch vorsichtig von der Hauptgräte lösen, aber auf dem Fisch lassen. Die Sauce über den Fisch gießen oder getrennt dazu reichen.
Beilage: Kressepüree
Weinempfehlung: Ein Grüner Veltliner aus Österreich

Stör mit Sardellencremesauce und Chicoree

Das Rezept für den Stör mit Sardellencreme stammt aus der Gegend von Mantua, dem »Ristorante Bersagliere« in Goito. Es liegt direkt am Fluß Mincio, der in den Po mündet, und dort gibt es auch heute noch Störe. Bei uns ist der rare Edelfisch hin uns wieder in anspruchsvolleren Fischgeschäften zu haben.

Für den Sud Wein, Butter, Lorbeerblatt, Salz und Pfefferkörner in einem Topf 5 Minuten kochen. Die Fischscheiben in die Brühe geben und bei leichter Hitze 10–15 Minuten ziehen lassen.
Für die Sardellencreme das Öl in einer Kasserolle erwärmen. Die Sardellen mit einer Gabel darin zerdrücken und bei leichter Hitze cremig rühren. 3 Eßlöffel von der Weinbrühe und den Aceto Balsamico unter Rühren hinzufügen. Durch ein Sieb streichen und wieder in die Kasserolle geben.
In einer Küchenmaschine Pinienkerne und Zucker pürieren. Zu der Sauce geben und Zimtstange und Nelken hinzufügen. Nur ganz schwach kochen und eindicken lassen. Von der Kochstelle nehmen. Die Kapern darunterrühren und etwas durchziehen lassen.
Den Chicorée waschen und in Scheiben schneiden. In einem Topf die Butter zergehen lassen und das Gemüse hinzufügen. Mit der Brühe aufgießen, weichschmoren und mit Salz und Pfeffer abschmecken. Sobald der Chicorée gar und die Brühe vollständig eingekocht ist, das Gemüse auf vier Teller verteilen. Die Störscheiben aus dem Sud nehmen, auf dem Gemüsebett anrichten und mit der inzwischen etwas abgekühlten Sardellencreme übergießen.
Beilage: Gekochter Basmatireis
Weinempfehlung: Ein Soave oder ein Tocai aus Friaul

Zubereitungszeit: 1 Stunde

4 Scheiben Stör (je 200 g), ebenso geeignet sind Heilbuttschnitten, sie haben eine kürzere Garzeit als der Stör (8–10 Minuten)

1 l Weißwein
100 g Butter
1 Lorbeerblatt
Meersalz
8 Pfefferkörner
Sardellencreme:
6 EL Olivenöl
8 Sardellenfilets
1 EL Aceto Balsamico
100 g Pinienkerne
1 EL Zucker
1 Stückchen Zimtstange
2 Gewürznelken
100 g Kapern
Garnitur:
600 g Chicorée
50 g Butter
½ Tasse Fleischbrühe
Salz, Pfeffer

Fisch im eigenen Saft

Wenn ich zum Fischessen eingeladen bin, und man setzt mir ein silberglänzendes hochgewölbtes Päckchen vor, öffne ich es genauso erwartungsvoll wie ein Kind seine Wundertüte. Ich weiß, daß ich mich auf eine besondere Köstlichkeit freuen kann. Und wenn dann nach dem Öffnen der Folie ein würziger Meeres- und Kräuterduft aufsteigt, frage ich mich wirklich jedesmal, ob diese Zubereitungsart nicht die beste von allen ist.

Ziel der guten Fischküche sollte es immer sein, den so unterschiedlichen Eigengeschmack hervorzuholen und nicht durch kulinarische Extravaganzen zu verfremden. Das ist es, was ich auch unter Naturküche verstehe. Um mit Goethe zu sprechen: »Es wird Natur durch keine Art gebessert.«

Die Zubereitung im eigenen Saft bedeutet, Fisch unter völligem Luftabschluß zu garen, so daß weder Aroma noch Saft entweichen können und Geschmack wie Konsistenz optimal erhalten bleiben. Für kleine Portionsfische – Forelle, Saibling, Rotbarben – sowie für Scheiben und Filets von Edelfisch ist Alufolie am besten geeignet: jeder Tischgast bekommt seine eigene verpackte Portion. Größere Fische lassen sich gut in einer transparenten Bratfolie garen. Profiköche verwenden auch manchmal ein Schweinenetz, das kann sehr aromatisch sein. Eine der ältesten Methoden, Fisch im eigenen Saft zuzubereiten, ist das Garen im Backofen in einer dicken Kruste aus Meersalz.

Die Italiener hüllen bereits gekochte Pasta und zubereitete Meeresfrüchte zusammen in eine fest verschlossene Folie und geben sie 5 Minuten in den Backofen, so daß die Nudeln schließlich ganz vom unvergleichlichen Aroma der Meeresfrüchte durchdrungen sind.

Verwenden Sie nur extra starke Alufolie und achten Sie darauf, daß diese nicht von spitzen Gräten zerrissen wird. Selbstverständlich muß sie ganz fest verschlossen werden, damit nichts vom Schmorsaft verlorengeht.

Zum Ausstreichen der Folie wird je nach Fischart und Rezept Butter oder ein besonders gutes Öl verwendet und vor dem Zusammenfalten gibt man einige Butterflöckchen oder ein paar Spritzer Öl auf den Fisch. Das Garen im eigenen Saft bedeutet keineswegs Verzicht auf würzige Geschmackszutaten. Am besten eignen sich frische Kräuter, mit denen man ruhig auch experimentieren sollte. So passen zu Lachsscheiben nicht nur Dill, sondern auch frische Minze, zu Rotbarben frischer Fenchel oder Rosmarin, zu Forellen ein paar Blättchen Estragon oder Kerbel. Aber auch Origano, Thymian, Salbei, Basilikum, Petersilie, Schnittlauch, Zitronenmelisse oder ein Hauch Knoblauch können den Eigengeschmack der Fische diskret ergänzen, wenn man sie sparsam dosiert.

Delikate Variationsmöglichkeiten ergeben sich, wenn man den Fisch hermetisch verschlossen auf einem Gemüsebett gart. Man kann dazu einen Topf mit einem luftdicht schließenden Deckel verwenden oder eine flache Auflaufform mit einer dicken Alufolie verschließen. So ein duftendes Gemüsebett können z. B. frische Pilze, vor allem Steinpilze, bilden, aber auch streifig geschnittenes Wurzelgemüse, junger Lauch, ein Tomaten-Zwiebel-Gemisch, Paprikaringe oder Streifen von Chicorée. Die Gemüse werden leicht angeschmort, dann mit Fischscheiben oder dem ganzen Fisch belegt, bevor die Form mit der Folie oder der Topf mit dem Deckel verschlossen wird. Die Garzeit ist zwar etwas länger, weil die Hitze zuerst noch die schützende Folie durchdringen muß, dafür sind Fisch und Gemüse schon tischfertig angerichtet.

Forelle mit Steinpilzfüllung in Folie

Anstelle eines frischen Steinpilzes kann man auch 30 g getrocknete Steinpilze verwenden. Die müssen vorher eingeweicht, in Würfel geschnitten und leicht in Butter gedünstet werden.

Die Forellen ausnehmen, waschen und die Hauptgräten entfernen.
Den Steinpilz waschen, die Knoblauchzehe schälen. Steinpilz, Knoblauch und Schinkenspeck in feine Würfel schneiden. Mit der Petersilie und den gehackten Rosmarinblättern vermischen. Mit Salz und Pfeffer abschmecken. Die Forellen mit dieser Mischung füllen.
Vier Bögen Alufolie in doppelter Größe der Forellen zurechtschneiden und mit Butter bestreichen. Jede Forelle auf eine Folie legen, mit Butterflöckchen besetzen und die Folie über dem Fisch fest verschließen, es darf kein Saft heraustreten. Im vorgeheizten Backofen bei starker Mittelhitze (220°) backen, bis die Folie sich aufgebläht hat.
Sofort verschlossen auf vorgewärmten Tellern auftragen. Jeder Tischgast reißt die Folie selber auf.
Beilage: Ein schweizerische Kartoffelrösti
Weinempfehlung: Ein Riesling Italico aus dem Trentin

Zubereitungszeit: 25 Minuten

4 Portionsforellen (je 200 g), ebenso geeignet sind Saiblinge, Renken, kleine Merlans

1 mittelgroßer Steinpilz (150 g)
1 Knoblauchzehe
60 g Schinkenspeck
1 EL gehackte Petersilie
1 Zweiglein Rosmarin
Salz
Pfeffer
60 g Butter

Glattbuttfilets mit Lauch

Den Glattbutt beim Einkauf filetieren lassen, Kopf und Gräten für die Fischbrühe mitnehmen. Kopf (Kiemen entfernen) und Gräten, das zerkleinerte Suppengemüse, die Zwiebel, die Lorbeerblätter und die Pfefferkörner mit etwa 1 Liter Wasser bedecken, Salz hinzufügen und 20 Minuten kochen. Durch ein Sieb geben. Die Fischbrühe auf ¼ Liter einkochen lassen.
Die Fischfilets waschen und von etwa noch anhängender Haut und kleinen Gräten befreien.
Die Lauchstangen putzen, gründlich waschen und in fingerbreite Stücke schneiden. In eine ovale feuerfeste Form geben, leicht salzen und pfeffern. Mit der Hälfte der Fischbrühe übergießen und mit einer Alufolie verschließen.
Auf dem Herd oder im vorgeheizten Backofen bei guter Mittelhitze in 15 Minuten *al dente* gardünsten.
Die restliche Fischbrühe mit der Sahne und dem Vermouth sowie einer Prise Zucker und Pfeffer aus der Pfeffermühle in einem kleinen Topf einkochen.
Die Fischfilets gut abtropfen lassen und in Streifen oder ganz feine Schnitzel schneiden.
In der kochenden Sauce in 5–6 Sekunden nur fest werden lassen, mit einem Schaumlöffel herausnehmen und warmstellen.
Die Flüssigkeit vom Lauch zu der Sauce in den Topf geben und einkochen lassen, bis die Sauce beginnt, cremig zu werden.
Den Fisch auf dem Lauchgemüse anrichten und mit der Sauce übergießen.
Beilage: Kleine gedämpfte Pellkartoffeln
Weinempfehlung: Ein trockener Ruländer

Zubereitungszeit: 45 Minuten

1 Glattbutt (ca. 1,2 kg), ebenso geeignet sind Heilbutt, große Schollen und Seezungen

1 Bund Suppengemüse
1 Zwiebel mit 2 Nelken gespickt
2 Lorbeerblätter
einige Pfefferkörner
Meersalz
6 mittelgroße Stangen Lauch
Pfeffer
3 EL Crème double
3 EL trockener weißer Vermouth
1 Prise Zucker

Steinbutt mit Trauben und Tee

Turbotin aux raisins et au the

Das noble Rezept für Steinbutt mit Trauben und Tee stammt von Alain Senderens, einem der drei höchst dekorierten Köche von Paris. Es ist erstaunlich einfach in der Zubereitung und sehr fein im Geschmack.

Zubereitungszeit: 1 Stunde

4 Steinbuttfilets (je 200 g), ebenso geeignet sind Filets von Seezunge oder Glattbutt

20 weiße Muskatellertrauben
2 Schalotten
100 g Champignons
2 EL Butter
Meersalz
Pfeffer
1 Glas Weißwein
¼ l Sahne
3 gestrichene Teelöffel Ceylon-Tee

Die Haut der Trauben abziehen, die Früchte halbieren und entkernen. Die geschälten Schalotten und die geputzten Champignons grob hacken.
1 Eßlöffel Butter in einer Pfanne mit feuerfestem Griff schmelzen lassen und die Schalottenwürfel darin unter Rühren mit einem Holzlöffel glasig braten. Die Champignonwürfel zu den Schalotten in die Pfanne geben. Mit Salz und Pfeffer würzen und eine weitere Minute schmoren lassen.
Die Steinbuttfilets auf das Gemüsebett legen, 1 Minute dünsten lassen und mit dem Wein aufgießen. Die Pfanne mit Alufolie verschließen und in den vorgeheizten Backofen geben. Bei Mittelhitze (200°) 8 Minuten garen lassen.
Die Filets herausnehmen, auf eine vorgewärmte Platte geben und mit Alufolie bedeckt warmstellen.
Den Schmorsaft in der Pfanne erhitzen und 2 Minuten einkochen lassen. Mit der Sahne aufgießen und bei leichter Hitze köcheln lassen, bis die Sauce anfängt, cremig zu werden. Die Teeblätter hinzufügen und 1 Minute ziehen lassen.
Die Sauce durch ein Sieb streichen und wieder in die Pfanne geben. Die restliche Butter in Flöckchen mit einem Schneebesen unter die Sauce schlagen, die Trauben mit der Sauce vermischen und mit Salz und Pfeffer abschmecken.
Die Steinbuttfilets mit einem Teil der Sauce übergießen und die restliche Sauce getrennt dazu reichen.
Beilage: Maispüfferchen, Kressesalat
Weinempfehlung: Chablis

Lachskoteletts in der Folie

Zubereitungszeit: 35 Minuten

4 Scheiben Lachskoteletts (je 250 g), ebenso geeignet ist Wolfsbarsch oder Zander

Meersalz
Pfeffer
4 Tomaten
3 EL Butter
8 Zweiglein frische Minze oder ersatzweise 20 Blättchen Basilikum

Die Lachskoteletts waschen, mit einem Küchenpapier trockentupfen und mit Salz und frischgemahlenem Pfeffer einreiben.
Die Tomaten brühen, abziehen, in Scheiben und dann in kleine Würfel schneiden, dabei das harte gelbe Mark zurücklassen. Leicht mit Salz und Pfeffer bestreuen.
Vier Bögen Alufolie mit einem Fettpinsel mit weicher Butter einstreichen, dabei den Rand freilassen.
Von der Minze die oberen Spitzen mit den Blättern ablösen und einige davon oder einige Basilikumblätter auf die Folien geben, die restlichen Blätter hacken und darüberstreuen.
Die Fischscheiben jeweils in die Mitte der Folien legen, die Tomatenwürfel darüber verteilen und mit der restlichen Butter in kleine Flöckchen besetzen. Die Folie fest über den Fischkoteletts zusammenfalten, dabei etwas Platz zwischen Fisch und Folie lassen.
Auf eine feuerfesten Platte oder ein Backblech geben und im vorgeheizten Backofen bei starker Hitze (250°) in 20–25 Minuten garen.
Die Folie erst bei Tisch öffnen, damit von dem delikaten Fischsaft nichts verloren geht.
Beilage: Tomaten oder Blätterteigpasteten mit Meerrettichsahne und Forellenkaviar vermischt oder einfach kleine junge Kartoffeln und Gurkensalat
Weinempfehlung: Ein deutscher Riesling von der Ruwer

Rotbarben in der Folie

Foto Seite 78/79

Zubereitungszeit: 25 Minuten

4 große oder 8 kleine Rotbarben

Meersalz
5 EL Olivenöl
2 Frühlingszwiebeln
4 Knoblauchzehen
1 Bund Petersilie
2 TL Koriander- oder Fenchelsamen

Die Rotbarben gleich beim Einkauf schuppen und ausnehmen lassen, bei ganz frischen Fischen die Leber mitgeben lassen, sie ist gebraten eine Delikatesse.
Die Fische waschen, mit einem Küchenpapier trockentupfen und innen und außen salzen. Vier Bögen Alufolie mit einem Fettpinsel mit etwas Olivenöl einstreichen, den Rand dabei freilassen.
Die Frühlingszwiebeln in Scheiben, die Knoblauchzehen in Würfel schneiden, die Petersilie hacken.
Olivenöl mit der Hälfte der Koriander- oder Fenchelsamen vermischen und in die Fische füllen. Die Bauchränder zusammendrücken. In die Mitte der Folien legen. Mit den restlichen Samen und dem Knoblauch-Petersilien-Gemisch bestreuen und mit Olivenöl beträufeln.
Die Folien fest über den Rotbarben zusammenfalten, dabei etwas Platz zwischen Fisch und Forelle lassen. Auf ein Backblech legen.
Im vorgeheizten Backofen bei starker Hitze (250°) etwa 15 Minuten backen lassen – die Folie soll ganz aufgebläht sein, wenn der Fisch serviert wird. Sie wird erst bei Tisch geöffnet.
Beilage: Frisches Weißbrot oder Safranreis
Weinempfehlung: Ein toskanischer Vernaccia di San Gimignano

Sardinen auf Spinat

Zutaten für 4 Personen
Zubereitungszeit: 40 Minuten
1 Stunde marinieren

1 kg frische Sardinen (ca. 20 Stück)

1 Tasse grobes Meersalz
1 kg kleinblättriger Spinat
1 TL Salz
5 EL feines Olivenöl extravergine

Die Sardinen vorsichtig schuppen, auf der Bauchseite aufschneiden und ausnehmen. Waschen und auf einem Küchentuch trocknen lassen.
Eine große Platte mit einer halben Tasse Salz ausstreuen, die Sardinen nebeneinander darauflegen und das restliche Salz darüber verteilen. Eine Stunde im Kühlschrank marinieren lassen.
Den Spinat gründlich waschen, von größeren Blättern die Hauptrippen entfernen. Gut abtropfen lassen und in eine Schüssel füllen. Mit einem Teelöffel Salz gründlich mit den Händen vermischen.
Die Sardinen aus dem Salz nehmen, anhängende Salzkörner abstreifen. Auf einem Küchenpapier trocknen lassen.
Vier große Bögen Alufolie mit Öl ausstreichen, dabei einen Rand freilassen. Eine dicke Schicht Spinatblätter (jeweils ein Viertel der Menge) auf die Folien geben und eng nebeneinander fünf Sardinen legen. Mit je einem Eßlöffel feinstem Olivenöl beträufeln und die Folie fest über Spinat und Sardinen schließen.
Auf einem Backblech im vorgeheizten Backofen bei starker Mittelhitze (220°) 8 Minuten backen lassen.
Die stark aufgeblähten Folien auf Teller geben. Jeder Tischgast öffnet sein »Paket« selbst, damit Saft und Duft des ebenso einfachen wie wohlschmekkenden Gerichtes erhalten bleiben.
Beilage: Kartoffelpüree
Weinempfehlung: Ein trockener Bianco di Custoza aus dem Veneto

Seezungenfilets in Kräutersauce

Zubereitungszeit: 25 Minuten

4 große oder 8 kleine Seezungenfilets, ebenso geeignet sind Schollenfilets oder Glattbuttfilets

Meersalz
Pfeffer
¼ l Weißwein
2 kleine Zwiebeln oder 2 Schalotten
100 g Butter
1 Bund Schnittlauch
einige Stengel Brunnenkresse
oder ½ Schachtel Gartenkresse
4 EL Crème fraîche

Die Seezungenfilets mit Salz und Pfeffer würzen. In eine leicht gebutterte Auflaufform geben und mit dem Wein übergießen. Die Form mit einer Alufolie verschließen und im vorgeheizten Backofen bei mittlerer Hitze (200°) in 8 Minuten gardünsten.
Die geschälten Zwiebeln oder Schalotten in kleine Würfel schneiden und in einer kleinen Kasserolle in der Hälfte der Butter glasig dünsten, aber nicht bräunen. Den Schnittlauch mit einer Schere in kleine Röllchen schneiden, die Kresseblätter ebenfalls kleinschneiden, Gartenkresse waschen, gut abtropfen lassen und nur die grünen Köpfe abschneiden.
Die Kräuter mit der restlichen Butter mit einer Gabel verkneten. Schneller geht es, wenn alle Zutaten im Mixer miteinander vermischt werden.
Den Fischsaft der fertigen Seezungenfilets vorsichtig zu den Zwiebel- oder Schalottenwürfeln in der Kasserolle gießen und bei starker Hitze einkochen lasen. Die Crème fraîche hinzufügen, durchkochen lassen und von der Kochstelle nehmen. Unter Schlagen mit einem Schneebesen die Kräuterbutter unter die Sauce geben. Fischfilets auf vorgewärmte Teller geben und die Kräutersauce darauf verteilen.
Beilage: Neue Kartoffeln, Gurkensalat
Weinempfehlung: Ein Rheingauer Riesling

GEBRATENER FISCH

Die schnellste Zubereitungsart für Fisch ist das Braten in der Pfanne, und Berufstätige, die anspruchsvoll essen, aber nicht zu viel Zeit in der Küche verbringen möchten, werden diese Seiten wohl zuerst aufschlagen. Liebhabern von Garnelen und Scampi empfehle ich außerdem das Kapitel »Warme Vorspeisen«, das einige besonders delikate Rezepte für gebratene und ausgebackene Krustentiere enthält.
Schon beim Einkauf können Sie Zeit sparen. Lassen Sie sich die Fische gleich bratfertig herrichten, also ausnehmen und, wenn nötig, schuppen. Auch das Filetieren macht am besten der Fachmann. Bitten Sie ihn aber, die Haut am Filet zu belassen und Ihnen Kopf und Gräten mitzugeben. Aus letzteren können Sie in kürzester Zeit einen aromatischen Fond für die Sauce herstellen.
A propos Fischfilet: Viele Leute, die gerne Fisch essen, die aber die Gräten stören, wählen ausschließlich Fischfilet. Sie verzichten damit auf so manchen Genuß. Fischfleisch, das noch an den Gräten hängt, bleibt beim Braten wesentlich fester und aromatischer und die Gräten geben der Sauce eine leicht gelatineuse Bindung. Deshalb lasse ich mir alle größeren Rundfische, von Schellfisch bis Lachs, nicht in Filets, sondern in Scheiben als sogenannte Koteletts schneiden. Diese haben dann nur ein Stück Hauptgräte in der Mitte. Lediglich grätenreiche Edelfische lasse ich mir filetieren. Und was die Plattfische betrifft, gerade die teure Seezunge, die ja nicht viel Eigengeschmack bietet, esse ich am liebsten goldbraun und knusprig im Ganzen gebraten, auf Müllerinnen Art, mit all den kleinen köstlichen Gräten am Rand.
Die Wahl der richtigen Pfanne zum Fischebraten ist besonders wichtig. Große Küchenchefs, denen ich bei der Fischzubereitung über die Schulter blicken durfte – und das sind nicht wenige – verwenden zum Braten von Fisch fast ausnahmslos stabile beschichtete Pfannen, weil man darin mit wenig Fett braten kann, ohne daß die empfindliche Haut der Fische haften bleibt. Dünne Fischschnitzel können darin sogar in Sekundenschnelle fettfrei gebraten werden. Für Portionsfische sind ovale Fischpfannen sehr nützlich.
Fisch in einer alles nivellierenden Panade aus Mehl, Ei und Semmelbröseln zu braten, halte ich für eine Barbarei. Der Fisch wird dann fett und schwer und verliert seinen Eigengeschmack. Hüllt man ihn dagegen in einen zarten Eierkuchenteig, der mit Bier oder Eiweiß hergestellt wird und in der Friteuse locker und zart aufgeht, bleiben Konsistenz und Aroma optimal erhalten.
Erst kurz vor dem Braten in der Pfanne werden Fische nur leicht in Mehl oder in Mehl mit Salz gemischt gewendet. Wer eine besonders knusprige Kruste liebt, kann dem Mehl Sesamkörner beimischen, die kein Fett aufsaugen. Als Fett zum Braten ist eine Mischung aus Butter (für den guten Geschmack) und Öl (damit die Butter nicht dunkel wird) zu empfehlen. In der Mittelmeerküche wird dagegen fast ausschließlich Olivenöl verwendet, das von bester Qualität sein sollte, denn das zarte Fischfleisch nimmt jede feinste Geschmacksnuance auf. Aber auch Traubenkernöl und Sesamöl sollten Sie einmal versuchen. Das Fett muß heiß sein, darf aber nicht rauchen, wenn der Fisch gleich nach dem Wenden im Mehl in die Pfanne gelegt wird (überflüssiges Mehl abklopfen). Bei größeren Fischen darf das Fett nicht zu heiß sein, damit sie richtig gar werden. Nicht jeder liebt Fisch, der an den Gräten noch allzu rosa ist. Grundsätzlich gilt: halten Sie die Bratzeit so kurz wie möglich, damit der Fisch nicht austrocknet.
Das Ausbacken von winzigen Fluß- oder Meeresfischen, von Krabben oder Tintenfischen, gelingt am besten in einer Friteuse oder in einer tiefen Pfanne mit reinem Öl, je nach Rezept Erdnuß- oder Olivenöl. Je heißer die beliebten knusprigen Tierchen auf den Tisch kommen, desto größer der Wohlgeschmack. Am besten schmecken sie an einem schönen Sommertag im Freien.

Spanische Fischpfanne

Zarzuela de pescados y moriscos

Für die Zubereitung der spanischen Zarzuela, einer üppigen Schmorpfanne aus Fischen und Meeresfrüchten, gibt es kein festes Rezept. Die Zutaten richten sich immer nach dem Angebot der Märkte. Auf jeden Fall gehören verschiedene Fischsorten, Muscheln, Tintenfische und Krustentiere dazu.

Zutaten für 6–8 Personen
Zubereitungszeit: 1½ Stunden

400 g Muscheln, vorzugsweise Venusmuscheln, sonst Miesmuscheln
300–400 Filets von Kabeljau oder Seehecht
300–400 g Seeteufel (Lotte) oder 400 g Schwertfisch in Scheiben
6–8 große Garnelen oder Langustinen

½ Glas Weißwein
Mehl
Meersalz
8 EL Olivenöl
250 g kleine junge Tintenfische
500 g reife Tomaten
1 mittelgroße Zwiebel
3 Knoblauchzehen
1 Lorbeerblatt
1 kleines Stückchen frische Pfefferschote
1 Glas Sherry
Cayennepfeffer
100 g Mandeln
Petersilie
2 Knoblauchzehen

Die Muscheln sorgfältig verlesen und alle geöffneten Muscheln wegwerfen. Gründlich unter fließendem Wasser bürsten und von den »Bärten« befreien. Auf einem Durchschlag gut abtropfen lassen.
In einem Topf mit dem Wein kurz kochen, bis sich alle Muscheln geöffnet haben.
Den Fisch waschen und mit einem Küchenpapier trockentupfen. Jede Fischscheibe in 2 bis 3 Stücke schneiden. Leicht in mit Salz vermischtem Mehl wenden.
In einer Pfanne 3 Eßlöffel Olivenöl erhitzen und die Fischstücke darin von beiden Seiten hellbraun braten.
Aus der Pfanne nehmen und warmstellen. Die Tintenfische gründlich waschen, das Innere entfernen und mit einem spitzen Messer die Tintensäckchen und die Augen herausholen. Wieder waschen, bis sie innen ganz weiß sind. Die Fangarme in Stückchen, die Körper in Streifen schneiden, die Körper ganz junger Tintenfische jedoch ganz lassen.
Die Tomaten brühen, abziehen und in Stückchen schneiden, dabei das harte gelbe Mark zurücklassen.
Die Zwiebel in Würfel schneiden, die Knoblauchzehen ebenfalls, dabei den grünen Keim in der Mitte entfernen.
In einem flachen feuerfesten – am besten irdenen – Topf das restliche Öl erhitzen und Zwiebel- und Knoblauchwürfel darin glasig braten. Die Tintenfische, das Lorbeerblatt und die Pfefferschote hinzufügen und kurz durchschmoren. Dann die Tomatenstückchen in den Topf geben. Den Kochsaft der Muscheln durch ein feines Sieb hinzugießen.
Die gebratenen Fischstücke, die Muscheln (ausgelöst oder in der Schale) sowie die ausgelösten Garnelen oder Langustinenschwänze in die Tomatensauce geben. Den Sherry hinzufügen und 6–8 Minuten schmoren lassen. Mit Salz und Cayennepfeffer abschmecken.
Die geschälten Mandeln, die Petersilie und die Knoblauchzehen in einer Küchenmaschine miteinander nicht zu fein hacken (die Mandeln können fortgelassen werden).
Das Fischgericht mit diesem Gemisch bestreuen und sofort im Topf auftragen oder in kleine feuerfeste Portionsschalen füllen.
Beilage: Getoastete Weißbrotscheiben
Weinempfehlung: Ein trockener spanischer Weißwein, z. B. galizischer Ribero

Fritto misto mare

Ausgebackene Fische und Meeresfrüchte

Foto Seite 86/87

»Fritto misto mare«, ein knuspriges Gemisch kleiner Meeresfrüchte, die den Fischern in den Netzen hängen geblieben sind, ist an allen Küsten Italiens ein beliebtes Sommergericht, das sich auch bei uns leicht nacharbeiten läßt. Kleine delikate Rotbarben und auch Sardinen, saftige süße winzige Garnelen, möglichst kleine Ringe und Fangarme von jungen Tintenfischen bilden ein Potpourri reinen Meeresgenusses. Wichtig: »Fritto misto« muß ganz heiß – frisch aus dem Ausbackfett – auf den Tisch gebracht werden.

Zutaten für 4–6 Personen
Zubereitungszeit: 30 Minuten

500 g kleine Fische (Rotbarben und Sardinen)
4 ganz kleine Tintenfische (Kalamare)
400 g kleine Scampi oder Garnelen

Meersalz
Mehl
Olivenöl zum Ausbacken
Zitronenspalten

Die Fische waschen und mit einem Küchentuch abtrocknen. Die Tintenfische gründlich säubern – die kleinen ganz lassen – und von den größeren den Körper und die Fangarme in Ringe schneiden. Kleine Scampi nur gründlich waschen und abtrocknen, etwas größere aus der Schale lösen.
Die Meerestiere salzen, portionsweise in Mehl wenden und auf einem Sieb das überflüssige Mehl gut abschütteln.
Reichlich Olivenöl in einer tiefen Pfanne erhitzen.
Zuerst die Fische, dann die Tintenfische und zum Schluß die Garnelen in dem heißen Öl in wenigen Minuten goldgelb backen.
Mit einem Schaumlöffel herausnehmen und auf ein saugfähiges Küchenpapier zum Abtropfen geben.
Auf einer vorgewärmten Platte anrichten und mit Zitrone garnieren. Man kann in dem Öl vor dem Ausbacken eine Knoblauchzehe goldgelb backen.
Beilage: Ein gemischter Sommersalat
Weinempfehlung: Ein Vino bianco aus Ischia

Schwertfisch in Marsalasauce mit Fenchel

Zubereitungszeit: 20 Minuten

4 Scheiben Schwertfisch (je 250 g), ebenso geeignet ist Thunfisch

Meersalz
Pfeffer
Mehl
1 Fenchelknolle
2 EL Olivenöl
3 EL Butter
1 Lorbeerblatt
1 Glas Marsalawein
1 Glas Wasser
Saft ½ Zitrone

Die Schwertfischscheiben waschen und mit einem Küchentuch trockentupfen. Mit Salz und Pfeffer einreiben und ganz leicht in Mehl wenden.
Die Fenchelknolle von den harten Außenblättern befreien, in Streifen schneiden, das zarte Grün hacken.
Das Öl in einer großen Pfanne erhitzen und die Fischscheiben darin von beiden Seiten je 4 Minuten hellbraun braten. Aus der Pfanne nehmen und mit Alufolie bedeckt warmstellen.
1 Eßlöffel Butter in das Bratfett geben und die Fenchelstreifen darin glasig braten. Lorbeerblatt und Fenchelgrün hinzufügen. Mit Wein und Wasser aufgießen und in 6–8 Minuten einkochen lassen, bis die Sauce anfängt, dicklich zu werden. Die Fischscheiben in die Sauce geben.
Den Saft einer halben Zitrone hinzufügen. Die Schwertfischscheiben auf einer vorgewärmten Platte anrichten.
Die restliche Butter in Flöckchen unter die Sauce rühren, die nicht mehr kochen soll. Die Fischscheiben mit der Sauce glacieren.
Beilage: Butternudeln oder Reis, junge Erbsen
Weinempfehlung: Ein trockener Marsala aus Sizilien

Fischkoteletts – provenzalische Art

Zubereitungszeit: 30 Minuten

4 Scheiben (je 200–250 g) Fischkoteletts (Wolfsbarsch, Lotte oder Seehecht)

1–2 EL Mehl
Meersalz
Pfeffer
4 Knoblauchzehen
2 große Zwiebeln
4 reife Tomaten
4 EL Olivenöl
je 1 Zweiglein frischer Rosmarin und Thymian
4 EL kleine schwarze Oliven

Die Fischkoteletts waschen und mit einem Küchenpapier trockentupfen.
In einem Teller das Mehl mit Salz und Pfeffer vermischen und die Fischscheiben darin wenden. Alles überflüssige Mehl abklopfen.
Die geschälten Knoblauchzehen in kleine Scheiben schneiden, die Zwiebeln in Würfel. Tomaten brühen, abziehen und in Stückchen schneiden, dabei das harte gelbe Mark zurücklassen.
In einer großen Bratpfanne 2 Eßlöffel Öl erhitzen und die Fischkoteletts darin von beiden Seiten goldbraun braten.
Inzwischen in einer zweiten Pfanne das restliche Öl erhitzen und Knoblauchscheiben und Zwiebelwürfel darin glasig braten. Die Tomatenstückchen, Rosmarin und Thymian hinzufügen und alles unter gelegentlichem Rühren etwas einkochen lassen, bis die Sauce dicklich ist. Herzhaft mit Salz und frischgemahlenem Pfeffer abschmecken. Zum Schluß die Oliven in der Sauce erhitzen.
Die gebratenen Fischkoteletts auf vier vorgewärmten Tellern anrichten und die Tomatensauce darüber verteilen.
Beilage: Safranreis, gemischter Salat (Mesclun)
Weinempfehlung: Ein weißer trockener Wein aus Cassis

Kabeljaufilets in der Kartoffelpfanne

Dieses einfache Pfannengericht pflegte uns in Spanien eine Bäuerin, die unser Haus betreute, immer in einem alten Steinguttopf auf dem Herd zu brutzeln. Den benötigten Safran brachte sie von einem geheimen Fundort in der Nähe ihrer Finca mit, er gab dem rustikalen Gericht einen kostbaren Duft. Dieses Rezept ist besonders geeignet für einen kleinen Haushalt, weil es praktisch eine ganze Mahlzeit in einer Pfanne liefert.

Zutaten für 2 Personen
Zubereitungszeit: 30 Minuten

2 Kabeljaufilets (je 180–200 g), ebenso geeignet sind Filets von Schellfisch, Rotbarsch oder Seelachs

4 mittelgroße Kartoffeln
1 Knoblauchzehe
¼ scharfe Pfefferschote
3 EL Olivenöl
Meersalz
½ Tasse Wasser oder Fischbrühe
etwas Mehl
½ Glas Weißwein
grobgemahlener Pfeffer
einige Fäden Safran

Die Kabeljaufilets halbieren. Die Kartoffeln in sehr dünne Scheiben schneiden, die Knoblauchzehe hacken, die Pfefferschote in ganz feine Streifen schneiden. Das Olivenöl in einer Pfanne (mit Deckel) erwärmen, aber nicht erhitzen, und die Kartoffelscheiben mit dem Knoblauch und der Pfefferschote vermischt in das Öl geben. Salzen.
10 Minuten bei leichter Hitze unter Wenden anbraten. Sowie die Kartoffeln beginnen, Farbe anzunehmen, mit dem Wasser oder der Fischbrühe aufgießen und zugedeckt weitere 5 Minuten kochen lassen.
Die Fischfilets salzen und leicht in Mehl wenden. Auf die Kartoffeln legen und die Pfanne mit dem Deckel verschließen. Nach 5 Minuten den Wein über die Kartoffelscheiben gießen und den Fisch mit Pfeffer bestreuen, wenden und die Safranfäden darüber verteilen. Zugedeckt weitere 5 Minuten schmoren lassen. Aufpassen, daß die Kartoffeln nicht am Pfannenboden ankleben.
Zum Schluß sind die Kartoffeln mit dem Fischsaft zu einem delikaten Gemüse verbunden – der Fisch hat einen feinen Safrangeschmack.
Beilage: Gemischter Salat aus Kopfsalat, Tomaten und Zwiebelringen
Weinempfehlung: Einen leichten spanischen Weißwein aus Penedés

Mein kleines Thailänder Rezept

Da wir sehr gerne die süß-sauren Thailänder Gerichte essen, vereinfache ich das folgende Rezept häufig folgendermaßen: Ich kaufe 4 Scheiben Heilbutt, Lotte oder Schwertfisch und wende sie in Mehlteig, bevor sie in reichlich Öl gebraten werden. Die Teigmenge des anschließenden Rezeptes reicht genau dafür aus. Die süß-saure Sauce paßt zu den gebratenen Fischscheiben vorzüglich. Dazu essen wir gerne Reis und Broccoli oder grünen Spargel.

Dorade – Thailänder Art

Tongupilze und roten Ingwer bekommt man in Spezialgeschäften für asiatische Küche – Liebhaber der thailändischen Küche haben meistens eine Adresse.

Zubereitungszeit: 45 Minuten

1 Dorade (ca. 1,2 kg)

60 g Mehl
1 TL Salz
1 EL Olivenöl
knapp ⅛ l Wasser
Öl zum Ausbacken
Sauce:
8 getrocknete Tongupilze
4 EL eingelegter roter Ingwer
1 Frühlingszwiebel
4 EL Essig
1½ EL Sojasauce
4 EL Zucker
10 EL Wasser
1 TL Stärke
3 EL Wasser

Die Dorade gleich beim Einkauf schuppen, die Kiemen entfernen und ausnehmen lassen. Für die Sauce Tongupilze in heißem Wasser 30 Minuten einweichen. Abtropfen lassen, die harten Stiele entfernen und die Köpfe in Streifen schneiden. Den Ingwer fein hacken. Die Frühlingszwiebel waschen und in Ringe schneiden.
Den Fisch waschen und mit einem Küchentuch abtupfen. Die Haut auf beiden Seiten mit einem scharfem Messer dreimal diagonal oder rautenförmig ca. ½ cm tief einschneiden.
Das Mehl mit Salz, Olivenöl und Wasser zu einem glatten Teig verrühren.
Das Öl in einer großen Pfanne erhitzen.
Den Fisch in dem Teig wenden und in dem heißen Öl goldbraun ausbacken.
Auf einem Küchenpapier gut abtropfen lassen und auf eine vorgewärmte Platte legen.
Inzwischen Ingwer, Pilze, Essig, Sojasauce und Zucker in einem kleinen Topf fünf Minuten kochen lassen. Das Stärkepuder mit dem kalten Wasser verrühren und die Sauce damit binden.
Die Zwiebelringe an die Sauce geben.
Den Fisch mit der Sauce übergießen und sofort auftragen.
Man kann eine in Streifen geschnittene Chilischote als Garnitur verwenden.
Beilage: Reis
Getränke-Empfehlung: Bier

Lachsschnitzel auf Sauerampfercreme

Als die berühmte »nouvelle cuisine« begann, sich in Frankreich auszubreiten, und Fischgerichte immer leichter und zarter auf den Tisch kamen, kreierten die Brüder Troisgros in Roanne ihre »escalopes de saumon à l'oseille«, hauchdünne Schnitzel von Lachs, in Sekundenschnelle ganz zart gebraten und in einer Sauerampfersauce serviert. Ich habe vor beinahe 20 Jahren in Roanne diese fast japanisch anmutende Veränderung in der Fischküche und den Jubel der französischen Feinschmeckergilde miterlebt. Heute sind die zarten Lachsscheiben der Brüder Troisgros bereits ein Klassiker der französischen Küche.

Zutaten für 4 Personen
Zubereitungszeit: 1 Stunde

900 g frischer Lachs (im Stück)
Öl für Folie

Fischbrühe:
1 Zwiebel
1 Möhre
1 kleine Stange Lauch
etwas Selleriegrün
2 Köpfe und Gräten von Edelfisch
Salz
Pfeffer
½ Zitrone
1 Gewürzsträußchen (½ Lorbeerblatt,
2 Zweiglein Thymian,
3 Stengel Petersilie)
¼ l Wasser
Sauerampfercreme:
80 g Sauerampfer
2 Schalotten
½ Glas Weißwein
4 EL trockener Vermouth
150 g Crème fraîche
40 g Butter
½ Zitrone
Meersalz
Pfeffer

Die Lachsfilets gleich beim Einkauf von den Gräten lösen lassen. Wenn man den Lachs im Stück gekauft hat, den Fisch enthäuten und die beiden Filets vorsichtig mit einem biegsamen Messer (Lachsmesser) von den Gräten lösen. Alle noch vorhandenen kleinen Gräten entfernen. Die Filets auf die Hälfte zusammenklappen und mit einem scharfen Messer quer in 4 Scheiben schneiden, so daß man im Ganzen 8 dünne Schnitzel hat. Zwischen zwei geölte Folien legen und vorsichtig mit einem Fleischklopfer glattklopfen.
Für die Fischbrühe das geputzte Gemüse, Fischabfälle (Kiemen entfernen) und Gewürze in einen Topf geben, mit dem Wasser übergießen und zugedeckt 20 Minuten kochen lassen.
Für die Sauerampfercreme den verlesenen, entstielten Sauerampfer gründlich waschen, die harte Hauptrippe entfernen und große Blätter in breite Streifen schneiden. Gut abtropfen lassen. Die Schalotten in Würfel schneiden.
Die Fischbrühe durch ein Sieb in einen breiten, flachen Topf gießen und den Wein, Vermouth und die Schalottenwürfel hinzufügen. Im offenen Topf bei starker Hitze so lange einkochen lassen, bis die Flüssigkeit beginnt, eine sirupartige Konsistenz anzunehmen. Die Sahne hinzugeben und erneut einkochen, bis die Sauce dicklich ist. Den Sauerampfer mit der Sahne vermischen und nur 25 Sekunden darin durchkochen. Von der Kochstelle nehmen und die Butter in Flöckchen hinzufügen – dabei vorsichtig mit einem Holzlöffel ein- bis zweimal umrühren. Die zarten Sauerampferblätter sollen nicht auseinandergerissen werden.
Eine große kunststoffbeschichtete Pfanne trocken erhitzen. Die Lachsschnitzel auf der weniger schönen Seite mit Salz und Pfeffer bestreuen und hineingeben. Von einer Seite 25 Sekunden braten, wenden und von der zweiten Seite 15 Sekunden braten. Der Lachs soll nicht ganz durch sein, damit er saftig bleibt.
Die Sauerampfercreme auf vier große vorgewärmte Teller füllen, die Lachsschnitzel mit der schönen Seite nach oben auf die Sauce legen und leicht salzen.
Sofort auftragen.
Beilage: Wenn überhaupt – Salzkartoffeln
Weinempfehlung: Ein Sancerre von der Loire

Lotte (Seeteufel) auf Ratatouille

Die Lotte auf Ratatouille ist ein ideales Gericht für heiße Sommertage, weil es besonders gut lauwarm oder kalt schmeckt.

Die Zucchini und die Auberginen waschen und ebenso wie die abgezogene Zwiebel in kleine Würfel schneiden. Die Paprikaschoten in den heißen Backofen geben, bis die Haut platzt und sich abziehen läßt. Stielansatz und Kerne entfernen und in kleine Streifen schneiden. Die Tomaten brühen, abziehen und halbieren, dabei das harte gelbe Mark und die Kerne zurücklassen. Die Tomatenhälften in kleine Stücke schneiden.
3 Eßlöffel Olivenöl in einer Pfanne erhitzen und die Zucchini- und Auberginenwürfel darin kurz anbraten. Wenn sie leicht Farbe angenommen haben, die Zwiebelwürfel, die Paprikastreifen, die Tomatenstückchen sowie die geschälten Knoblauchzehen, das Lorbeerblatt, den Thymian, einige Fenchelsamen und den Zitronensaft hinzufügen. 20 Minuten bei leichter Hitze schmoren lassen und mit Salz und Pfeffer abschmecken. Das restliche Öl in einer zweiten Pfanne erhitzen und die leicht bemehlten Fischscheiben darin bei mittlerer Hitze auf beiden Seiten goldgelb braten und salzen. Auf das Gemüse legen und einige Minuten durchziehen lassen.
Beilage: Frisches Weißbrot
Weinempfehlung: Ein kühler provenzalischer Rosé

Zubereitungszeit: 35 Minuten

4 Scheiben Seeteufel (je 200 g), ebenso geeignet ist Thunfisch, Petersfisch oder Schwertfisch

4 Zucchini
2 Auberginen
1 große Zwiebel
2 Paprikaschoten
4 reife Tomaten
5 EL Olivenöl
3 Knoblauchzehen
1 Lorbeerblatt
1 Zweiglein Thymian
einige Fenchelsamen
Saft ½ Zitrone
Meersalz
Pfeffer
Mehl

Pfeffersteaks von Lotte (Seeteufel)

Die beiden Filets jeder Seeteufelscheibe von der Mittelgräte lösen, so daß man 8 Fischscheibchen erhält. Salzen und leicht in Mehl wenden.
Das Öl in einer Pfanne erhitzen und die Fischscheiben von beiden Seiten in 6–8 Minuten goldbraun braten.
In der Bratzeit der Fischsteaks in einer Kasserolle den Rotwein mit der Fleischbrühe und dem Tomatenmark auf die Hälfte des Umfanges einkochen. Die Sahne hinzufügen und erneut etwas einkochen lassen.
Die Lottesteaks aus der Pfanne nehmen und warmstellen. Das Bratfett abgießen und den reduzierten Rotwein in die Pfanne geben. Pfefferkörner und Pfeffersaft sowie die mit einer Schere streifig geschnittenen Estragonblättchen hinzufügen und noch einmal kräftig durchkochen. Von der Kochstelle nehmen und die Butter in Flöckchen unter die Sauce rühren. Über die Steaks gießen.
Beilage: Kartoffelplätzchen mit Kresse, Möhren in Sherrysauce
Weinempfehlung: Ein edler Rotwein wie ein junger Pomerol

Zubereitungszeit: 20 Minuten

4 Scheiben Lotte (je 200 g), ebenso geeignet ist Meeraal

Meersalz
Mehl
2 EL Öl
½ Glas Rotwein
4 EL Fleischbrühe oder Fischfond
1 TL Tomatenmark
6 EL Crème fraîche
1 EL grüne Pfefferkörner
1 TL Pfeffersaft
einige Blättchen Estragon
40 g Butter

Gebratene Makrelen mit Stachelbeersauce

Für das folgende Rezept, das in England und auch in der Bretagne sehr beliebt ist, werden die Makrelen häufig in einem Fischsud gegart, jedoch gibt die säuerliche Fruchtsauce gerade knusprig gebratenen Makrelen einen besonders feinen Geschmack.

Zubereitungszeit: 30 Minuten

8 kleine (je 180 g) oder 4 größere (je 300 g) Makrelen

Zitronensaft
Meersalz
Pfeffer
1 Bund frisches Fenchelgrün
1 EL Butter
1 EL Öl
Sauce:
250 g grüne Stachelbeeren
⅛ l Weißwein
1 TL Zucker
1 Stückchen Ingwerwurzel
3 EL Crème fraîche
1 EL gehackter Fenchel
Salz
Pfeffer

Die ausgenommenen und gewaschenen Makrelen (Kiemen entfernen) mit einem Küchenpapier abtrocknen. Von innen und außen mit Zitronensaft beträufeln und mit Salz und Pfeffer einreiben. In das Innere jedes Fisches einen Stiel frischen Fenchel geben.
Für die Sauce von den gewaschenen Stachelbeeren Blüten und Stiele entfernen. Den Weißwein mit dem Zucker und der geschälten, in Scheiben geschnittenen Ingwerwurzel zum Kochen bringen. Die Beeren hinzufügen und weichkochen, bis sie zerplatzen. Die Stachelbeeren mit der Flüssigkeit im Mixer pürieren (bei einigen Rezepten bleiben die Früchte ganz).
Das Stachelbeerpüree in einen Topf geben. Zum Kochen bringen und einige Minuten einkochen. Die Crème fraîche an die Sauce geben, einmal aufkochen lassen und mit dem Fenchel, Salz und reichlich frischgemahlenem Pfeffer abschmecken.
Butter und Öl in einer großen Pfanne erhitzen und die Makrelen darin von beiden Seiten goldbraun braten. Die Fische aus dem Bratfett nehmen und kurz auf Küchenpapier abtropfen lassen.
Die Makrelen auf einer Platte anrichten und mit der Stachelbeersauce übergießen.
Beilage: Kleine neue Petersilienkartoffeln
Weinempfehlung: Ein Gewürztraminer aus dem Elsaß

Rouladen von Sardinen – Nizzaer Art

Zubereitungszeit: 1 Stunde

1 kg frische Sardinen

Meersalz
50 g Rosinen
100 g Semmelbrösel
reichlich ⅛ l Olivenöl
4 EL Pinienkerne
1 EL feingeschnittene Basilikumblätter
6 Sardellenfilets
50 g Pecorino- oder Parmesankäse
Pfeffer
Mehl
2 Eier

Die Sardinen vorsichtig schuppen, an der Bauchseite aufschneiden, ausnehmen und die Hauptgräte entfernen. Die Sardinen sollen zusammenhängend bleiben und sich aufklappen lassen. Waschen und auf einem Küchenpapier gut abtrocknen lassen. Mit Salz bestreuen.
Die Rosinen in lauwarmem Wasser einweichen.
40 g Semmelbrösel in etwas Olivenöl hellgelb anrösten und in eine Schüssel geben. Mit den abgetropften, abgetrockneten Rosinen, den Pinienkernen, den Basilikumblättern, den feingewiegten Sardellenfilets, winzigen Käsestückchen, Salz und Pfeffer vermischen. Mit einem Holzlöffel, am besten im Mörser, zu einer Paste verarbeiten. Auf jede Sardine einen Löffel Füllung geben und diese so aufrollen, daß das Schwänzchen nach oben steht. Mit einem hölzernen Zahnstocher zusammenhalten.
Die Sardinenrouladen zuerst in Mehl, dann in den mit Salz verquirlten Eiern und zum Schluß in den restlichen Semmelbröseln wenden.
Reichlich Öl erhitzen und die Fischröllchen darin goldbraun braten.
Beilage: Spinat, Kartoffelpüree
Weinempfehlung: Ein Hermitage von der Rhône

Ausgebackene Merlane

Merlans en colere

Die zarten Merlane durch Ausbacken in schwimmendem Öl mit einer goldbraunen Hülle zu versehen, ist ein klassisches Rezept. Es war ein bißchen in Vergessenheit geraten – bis es der Drei-Sterne-Koch Joel Robuchon in Paris auf seine Karte setzte – und plötzlich ist der »merlan en colère« in Frankreich wieder ganz groß in Mode.

Zubereitungszeit: 40 Minuten

8 kleine Merlane (ca. 150 g)

¼ l Milch
1 TL Meersalz
Mehl
Erdnußöl zum Ausbacken
1 Bund Petersilie
Zitronenviertel

Die ausgenommenen Fische waschen (Kiemen entfernen) und sorgfältig mit einem Küchenpapier trockentupfen. Die Haut am Rücken der Fische mit einem scharfen Messer leicht einschneiden, damit der Fisch leichter gar wird. Man kann die Merlane rund binden, indem man ihnen den Schwanz in das Maul steckt, dieses zudrückt, einen Baumwollfaden durch das Maul zieht und mit einer Schlinge den Schwanz festbindet.
In einem tiefen Teller die Milch mit dem Salz verrühren, bis es aufgelöst ist. Auf einem flachen Teller das Mehl verteilen. Das Ausbackfett erhitzen.
Die Merlane nacheinander zuerst in der Milch und dann in dem Mehl wenden. Überflüssiges Mehl abklopfen.
Die Fische nacheinander in das heiße Ausbackfett geben, damit das Fett nicht auskühlt – es darf jedoch auch nicht zu heiß sein, damit die Fische ganz durchbacken. In etwa 7–8 Minuten sollten die Fische goldbraun und gar sein. Vorsichtig aus der Pfanne nehmen, gut abtropfen lassen und auf einer vorgewärmten Pfanne anrichten. Die Petersilie in kleinen Sträußchen 2 Sekunden ebenfalls in das Ausbackfett geben. Die Merlane mit Petersilie und mit Zitronenvierteln garniert servieren.
Beilage: Möhren in Sherrysahne, Kartoffelpüree
Weinempfehlung: Ein Gros Plant von der Loire

Filets von Petersfisch auf Chicoree

Zubereitungszeit: 25 Minuten

4 Filets von Petersfisch (je 120 g), ebenso geeignet sind Seezungen- oder Zanderfilets

8 Chicoréekolben
1 EL Orangenschale
1 Stückchen frische Ingwerwurzel
3 EL Butter
Meersalz
Pfeffer
Saft ½ Zitrone
Saft ½ Orange
½ TL Zucker
1 EL Olivenöl

Von den Chicoréekolben die welken Blätter ablösen, dann waschen und in ½ cm dicke Scheiben schneiden. Die Orangenschale und die geschälte Ingwerwurzel in sehr feine Streifen schneiden und in 1 Eßlöffel Butter weichschmoren.
In einer Pfanne bei leichter Hitze 1 Eßlöffel Butter zerlassen und mit Salz, Pfeffer, Zitronen- und Orangensaft vermischen. Die Chicoréescheiben hinzufügen sowie die Orangenschale, den Zucker und 1 Eßlöffel Ingwer. 10 Minuten leicht schmoren lassen.
Inzwischen die restliche Butter und das Olivenöl erhitzen und die Fischfilets darin kurz von beiden Seiten anbraten. Salzen und pfeffern.
Das Chicoréegemüse auf einer Platte anrichten und die Petersfischfilets darauflegen.
Beilage: Hausgemachte Eiernudeln
Weinempfehlung: Ein Terlaner aus Südtirol

Thunfisch – Baskische Art

Zubereitungszeit: 45 Minuten

4 Scheiben (je 200 g) roter Thunfisch

Meersalz
Mehl
6 EL Olivenöl
4 rote und grüne Paprikaschoten
6 Stengel Petersilie
3–4 Tomaten
Pfeffer
Thymian
1 EL scharfes Paprikapulver
1 Glas trockener Weißwein

Die Thunfischscheiben waschen, mit einem Küchentuch gut abtrocknen und salzen. Leicht in Mehl wenden.
2 Eßlöffel Olivenöl erhitzen, die Fischscheiben darin von beiden Seiten goldbraun braten, aus der Pfanne nehmen und warmstellen.
Die Paprikaschoten im Backofen erhitzen, bis die Haut platzt, enthäuten, Stielansatz und Kerne entfernen und in Streifen schneiden. Die Petersilie grob hacken.
Das restliche Öl zu dem Bratfett der Fischscheiben geben und erhitzen. Die Paprikastreifen darin 10 Minuten unter Rühren schmoren lassen.
Die Tomaten brühen, abziehen und in Stücke schneiden, dabei das harte gelbe Mark zurücklassen. Zu den Paprikastreifen geben. Bei starker Hitze unter Rühren weitere 5 Minuten schmoren lassen. Mit der Petersilie und den Gewürzen bestreuen. Mit Wein aufgießen und bei leichter Hitze in 15 Minuten garschmoren lassen.
Zum Schluß die Thunfischscheiben in die Gemüsesauce geben und noch einmal kurz darin erhitzen.
Beilage: Reis
Weinempfehlung: Ein spanischer Chacoli aus dem Baskenland

Ausgebackene Scampi (Langustinen)

Von Venedig bis Sizilien gelten frische ausgebackene Scampischwänze als eine der beliebtesten kleinen Delikatessen, die ganz nach Menge nur den Appetit anregen oder eine ganze Mahlzeit sein können.

Zubereitungszeit: 20 Minuten

800 g frische Scampi (Langustinenschwänze)

Olivenöl zum Ausbacken
Mehl
2 Eier
Meersalz
Pfeffer
Zitronenspalten

Tiefgekühlte Scampischwänze auftauen lassen. Die Scampischwänze aus der Schale lösen.
Reichlich Öl erhitzen.
Die Scampischwänze zuerst in Mehl, dann in den mit Salz und Pfeffer verquirlten Eiern wenden. In dem heißen Öl von allen Seiten goldbraun backen.
Sofort ganz heiß servieren.
Man kann die Scampi noch zusätzlich in Semmelbrösel wenden oder anstelle von Ei und Semmelbrösel in einem Eierkuchenteig ausbacken. Aber ich finde, daß dabei zu viel von dem süßlichen feinen Eigengeschmack der roten Meeresfrüchte verloren geht.
Mit Zitronenspalten servieren.
Beilage: Frisches Weißbrot, gemischter Salat aus kleinen grünen Bohnen, reifen Tomaten und süßen Zwiebelscheiben mit Basilikum gewürzt. Auch eine frisch angerührte Remouladensauce ist beliebt.
Weinempfehlung: Ein leichter italienischer Weißwein wie ein Marino oder Colli Albani aus Latium

Gebratene Seezunge – Müllerinnen Art

Nach dem gleichen Rezept können alle Plattfische und auch Forellen zubereitet werden.

Zubereitungszeit: 20 Minuten

4 Seezungen (je 200–250 g)

Meersalz
Pfeffer
Mehl
6 EL Butter
2 EL Öl
Saft 1 Zitrone
1 EL gehackte Petersilie

Die bratfertig vorbereiteten gewaschenen Seezungen mit einem saugfähigen Küchenpapier gut trockentupfen. Mit Salz und Pfeffer würzen und in Mehl wenden. Überflüssiges Mehl abklopfen.
In zwei kunststoffbeschichteten Pfannen je 1 Eßlöffel Butter und 1 Eßlöffel Öl erhitzen und die Seezungen mit der weißen Seite nach unten hineingeben. Nach 4 Minuten vorsichtig mit einem Holzspachtel wenden und die zweite Seite ebenfalls bräunen. Aus der Pfanne nehmen und warmstellen.
Die restliche Butter in einer der Bratpfannen leicht Farbe annehmen lassen und den Zitronensaft hinzufügen.
Die Seezungen gleich einzeln auf vorgewärmten Tellern anrichten, mit der gehackten Petersilie bestreuen und mit der Butter übergießen.
Mit Zitronenspalten und Petersilie garnieren.
Beilage: Gekochte Kartoffeln, Spargel oder grüne Erbsen
Weinempfehlung: Ein Riesling von der Mosel

Steinbuttfilets in Paprikasauce

Beim Einkauf Kopf und Gräten des filetierten Steinbutts mitgeben lassen.
Die gewaschenen Fischköpfe (Kiemen entfernen) und Gräten mit dem kleingeschnittenen Suppengemüse, Salz und den Pfefferkörnern in einem Topf mit Wasser bedeckt 20 Minuten bei schwacher Hitze kochen. Durch ein Sieb geben und auf eine Tasse Flüssigkeit einkochen lassen.
Die Paprikaschoten im Backofen erhitzen, bis die Haut platzt. Abziehen, den Stielansatz mit den Samen entfernen und in Stücke schneiden.
Die Zwiebeln in kleine Würfel schneiden.
50 g Butter erhitzen und Zwiebelwürfel und Paprikastückchen darin glasig braten. Bei leichter Hitze unter gelegentlichem Umrühren 30 Minuten schmoren lassen.
Die Tasse Fischbrühe hinzufügen und weitere 3 Minuten einkochen lassen.
Mit der Sahne aufgießen, aufkochen lassen und im Mixer pürieren. Durch ein Sieb streichen und in eine Kasserolle geben.
Die Sauce zum Kochen bringen und bei leichter Hitze unter ständigem Schlagen mit einem Schneebesen 50 g Butter in kleinen Flöckchen hinzufügen. Mit Salz und frischgemahlenem Pfeffer abschmecken.
Die Fischfilets salzen, pfeffern und in Mehl wenden. Überflüssiges Mehl abklopfen.
Die restliche Butter in einer Pfanne erhitzen und die Steinbuttfilets darin von beiden Seiten in wenigen Minuten goldgelb braten. Aus dem Bratfett nehmen und auf einem Küchenpapier entfetten.
Eine vorgewärmte Platte mit etwas Sauce ausgießen und die Fischfilets hineinlegen.
Die restliche Sauce getrennt dazu reichen.
Beilage: Weißer Reis und schwarzer Wildreis gemischt
Weinempfehlung: Ein trockener Sauvignon von den Colli Bolognesi

Zubereitungszeit: 1 Stunde

4 ausgelöste Steinbuttfilets (je 150 g), ebenso geeignet sind Filets von Glattbutt oder Seezunge

1 Bund Suppengemüse
Meersalz
6 Pfefferkörner
4 rote reife Paprikaschoten
2 mittelgroße Zwiebeln
150 g Butter
½ Tasse Sahne
Salz
weißer Pfeffer
Mehl

GEGRILLTER FISCH

Grillparties sind eine ebenso vergnügliche wie unkonventionelle Lösung, auch einen größeren Freundeskreis im sommerlichen Garten oder auf der Terrasse zu bewirten. Dabei spielt Fisch eine wichtige Rolle. Allerdings, die empfindlichen Fische so zu grillen, daß sie von außen nicht verkohlt, aber auch von innen nicht mehr roh sind, kurz, daß sie nicht zu weich, sondern saftig und aromatisch vom Grillfeuer kommen, erfordert ein wenig Kochkunst. Das gilt auch für das Grillen unter dem Grillrost im Herd.
Am besten gelingen Fische, die im Ganzen gegrillt werden, von der kleinen Sardine bis zum großen Wolfsbarsch – allerdings mehr als ein Kilo sollte auch der schwerste unter ihnen nicht wiegen. Die berühmten Fischköche, die natürlich immer fangfrische Ware bekommen, nehmen die Fische lediglich von den Kiemen her aus und legen sie dann ungewaschen und ungeschuppt auf den Grill. Sie behaupten auch, frischer Meeresfisch müsse nicht gesalzen werden, weil er in seiner natürlichen Umgebung genügend Salz aufgenommen habe. Tatsächlich schmeckt der so gegrillte Fisch, wenn man sein Fleisch aus der knusprigen Haut löst, ungewöhnlich zart und saftig. Ich lasse vorsichtshalber Fisch vor dem Grillen immer mit etwas gutem Olivenöl beträufelt kurze Zeit stehen, damit später kein Häutchen am ebenfalls gut geölten Rost hängenbleibt.
Scheiben oder Portionsstücke werden sogar einige Stunden vor dem Grillen – manche asiatischen Rezepte schreiben gar 12 Stunden vor – in eine Beize aus Würzöl gelegt, weil sie sonst beim Grillen leicht austrocknen. Um dies in jedem Fall zu vermeiden, grille ich kleinere Stücke wie Fischkoteletts, Filets oder Spießchen in starke Alufolie gehüllt. Dabei kann dann außer der Butter oder dem Olivenöl gleich das richtige Kräutchen oder Gewürz hinzugefügt werden, und die Zubereitung einer separaten Sauce erübrigt sich.
Fische, die nicht in Folie gehüllt sind, sollten während des Grillens, besonders nach dem Wenden, hin und wieder mit Öl bestrichen werden, das mit einem Stückchen Pfefferschote, ein paar Knoblauchzehen oder Zitronenscheiben gewürzt sein kann. Nimmt man dazu einen Zweig frischen Rosmarin anstelle eines Pinselns, kommt noch ein Aroma dazu. Magere Fische wie Forellen oder auch Fischspießchen werden gerne vor dem Grillen in einen dünnen Speckmantel gehüllt.
Je edler der Fisch, desto besser kommt er ohne Sauce zur Abrundung des Geschmackes aus. Oft genügt schon etwas zerlassene, besonders gute Butter (z. B. aus den Charentes) oder ein erstklassiges Olivenöl, das kalt über die gegrillten Fische geträufelt wird. Zu robusteren Fischen sowie zu Scampi, Langusten und Hummer passen als raffinierte Abrundung eine Buttersauce mit frischen Kräutern (z. B. Estragon) oder eine leichte handgerührte Mayonnaise mit einem Hauch Knoblauch.
Mindestens eine halbe Stunde vor dem Grillen sollten Sie das Grillgut aus dem Kühlschrank nehmen, damit die Meerestiere wieder ihre normale Konsistenz gewinnen. Lebende Hummer und Langusten werden ganz kurz gekocht, bevor man sie der Länge nach halbiert auf den Grill legt. Scampi und verwandte Krustentiere beläßt man ebenfalls in ihrem schützenden Panzer und grillt sie, in einer Knoblauch-Öl-Marinade gewendet, im Ganzen oder halbiert schnell knusprig.
Und noch ein letzter Tip: Je größer der Fisch, desto größer sollte auch der Abstand zwischen Grillrost und Feuer sein. Kleinere Fische dagegen müssen so schnell wie möglich bräunen, damit sie nicht austrocknen. Und bitte keinen Fisch auf Vorrat grillen, er schmeckt am besten, wenn er dem Gast direkt vom Grill auf den Teller gelegt wird. Und weil Fisch bekanntlich schwimmen muß, sollten Sie neben trockenen Weißweinen und gekühltem Rosé auch ein paar leichte junge Rotweine für die Grillparty bereitstellen – gerade zu gegrilltem Fisch schmecken die Roten erstaunlich gut.

L'ECLADE

MUSCHELN MIT TANNENNADELN GEGRILLT

Foto Seite 102/103

Die »Eclade« von der Atlantik-Küste der Charente-Maritime aus frischen Muscheln ist zwar kein echtes Grillgericht, aber ein originelles Sommeressen, das man nur im Freien in der Nähe eines Tannenwaldes zubereiten kann. Dafür braucht man auch kein Grillgerät, sondern nur ein großes möglichst rundes Holzbrett (40 cm Ø), am besten aus Olivenholz, sowie eine ganze Menge trockener Tannennadeln.

Zubereitungszeit: 45 Minuten

2 kg Miesmuscheln (am besten sind kleine Bouchet-Muscheln)
1 Eimer trockene Tannennadeln

Je größer das Holzbrett, desto mehr Gäste kann man zu dem Muschelessen einladen.
Die Muscheln aussortieren, alle geöffneten wegwerfen. Die Muscheln unter fließendem Wasser gründlich waschen. Auf einem Durchschlag oder Küchenpapier gut abtropfen lassen.
Jetzt kommt es auf die Geschicklichkeit an: In die Mitte der Platte werden rosettenartig 5 Muscheln (mit der Spitze nach vorne) zusammengesetzt. Ich habe gesehen, daß Franzosen sogar Reiszwecken kreisförmig in das Holzbrett stecken, um den Muscheln Halt zu geben. Nun vorsichtig in die Zwischenräume die nächste Reihe von Muscheln, wieder mit der Spitze nach vorne, stecken – die Muscheln müssen fest zusammenhalten. Dann werden die nächsten Reihen auf gleiche Art zusammengestellt – die Platte muß immer wie eine Rose mit vielen Blättern aussehen.
Jetzt die Muscheln pyramidenartig mit den ganz trockenen Tannennadeln bedecken und die Tannennadeln anzünden. Die Tannennadeln verbrennen knisternd und duftend in etwa 8 Minuten zu Asche. Die Muscheln sind fertig. Sie bleiben geschlossen und enthalten noch den Muschelsaft.
Zum Aufbrechen der Muschelschalen braucht man ein stumpfes Messer oder eine dünne Pappe – dabei verbrennt man sich schon mal den Daumen oder bekommt schwarze Finger – das trübt jedoch nicht den Genuß dieser ungewöhnlichen Muschelmahlzeit.
Quel délice!
BEILAGE: Landbrot – feinste gesalzene Butter
WEINEMPFEHLUNG: Ein herzhafter Gros Plant von der Loire

Gegrillte Garnelen oder Scampi

Zubereitungszeit: 20 Minuten

24 große Garnelen oder 16 Scampi (Kaisergranat)

1 Tasse Olivenöl
Saft 1 Zitrone
2 Knoblauchzehen
Origano
gehackte Petersilie

Garnelen oder Scampi gründlich waschen und mit einem Küchenpapier gut trocknen. Die Krustentiere auf dem Rücken leicht einschneiden, damit sie gleichmäßig gar werden. Dabei mit einem spitzen Messer den schwarzen Darm entfernen.
Das Olivenöl in eine Schüssel geben, ein paar Spritzer Zitronensaft und die in Würfel geschnittenen Knoblauchzehen hinzufügen. Gründlich vermischen und die Garnelen oder Scampi sorgfältig darin wenden.
Den Grill vorheizen. Den Rost mit einer Alufolie bedecken und die Krustentiere nebeneinander darauflegen. Noch einmal mit Zitronensaft bestreichen und mit etwas Origano bestreuen. In 8 Minuten von beiden Seiten knusprig grillen, die Schalen dürfen etwas Farbe annehmen. Tiefgekühlte Scampi brauchen deutlich weniger Zeit. Während des Grillens hin und wieder mit der Marinade bestreichen.
Auf einer vorgewärmten Platte anrichten und mit Petersilie bestreut servieren. Fingerschalen und reichlich Papierservietten mit auf den Tisch stellen.
Beilage: Frisches knuspriges Weißbrot, Gurkengemüse
Weinempfehlung: Ein leichter trockener Weißwein aus der Provence oder dem Golf von Neapel

Chinesisch gewürzter gegrillter Heilbutt

Zubereitungszeit: 30 Minuten
Fisch 2 Stunden marinieren

4 Heilbuttsteaks (je 250 g), ebenso geeignet ist Kabeljau oder Seeteufel

1 EL Öl für den Grillrost
1 EL feingehackter frischer Koriander zum Garnieren
Marinade:
3 EL feingehackte frische Ingwerwurzel
6 EL feingehackte Frühlingszwiebel
3 EL Sojasauce
2 EL trockener Sherry
1 EL chinesisches Sesamöl

Die Heilbuttsteaks auf eine Platte legen.
Die Zutaten für die Marinade in einer Küchenmaschine pürieren und gleichmäßig über die Fischscheiben verteilen. Mindestens 2 Stunden oder am besten über Nacht im Kühlschrank stehen lassen.
Den Grill vorheizen und die Heilbuttsteaks auf den geölten Rost 5–8 Minuten – je nach Größe – von beiden Seiten grillen. Mit dem gehackten Koriander bestreuen und sofort servieren.
Beilage: Reis
Getränke-Empfehlung: Bier

Gegrillte Kräuterforellen mit Speckstreifen

Zubereitungszeit: 35 Minuten
60 Minuten marinieren

4 Forellen (je 250 g)

100 g Butter
1 gute Handvoll gemischter Kräuter (Petersilie, Kerbel, Basilikum, Estragon)
Salz
Pfeffer
5 EL Olivenöl
8 dünne Scheiben durchwachsener Speck
1 EL Öl zum Grillen

Die Kräuter waschen und fein hacken. Die Butter und die Hälfte der Kräuter mit einer Gabel vermischen. Mit Salz und Pfeffer abschmecken.
Das Öl auf eine Platte geben und die restlichen Kräuter daruntermischen.
Die Forellen gleich beim Einkauf ausnehmen lassen.
Die Fische waschen und mit einem Küchenpapier trockentupfen. Mit der Kräuterbutter füllen und von jeder Seite 30 Minuten in die Kräutermarinade geben.
Je 2 Scheiben Speck auf eine Forelle legen und mit einem Baumwollfaden festbinden.
Den Grill vorheizen. Den Rost einölen und die Forellen von jeder Seite 6 Minuten grillen.
Die gegrillten Forellen auf einer vorgewärmten Platte anrichten.
Bei Tisch entfernt jeder dann selbst den Faden und die Speckstreifen.
Beilage: Folienkartoffeln oder Kartoffelsalat
Weinempfehlung: Saint-Péray oder Saint-Joseph von den Côtes-du-Rhône

Gegrillter Hummer

Zutaten für 2 Personen
Zubereitungszeit: 20 Minuten

1 Hummer (600–700 g), ebenso geeignet sind Langusten

2 l Wasser
1 Flasche einfacher trockener Weißwein
50 g Meersalz
1 Kräutersträußchen (½ Lorbeerblatt, 2 Zweiglein Thymian, einige Stengel Petersilie, ein Stückchen Orangenschale)
60 g gesalzene Butter
einige Spritzer Zitronensaft
8 feingehackte Estragonblätter

In einem hohen Topf Wasser, Wein und Salz zum Kochen bringen, das Kräutersträußchen hinzufügen.
Den lebenden Hummer mit dem Kopf nach unten in die kochende Court-Bouillon geben und 30 Sekunden kochen lassen.
Den Hummer mit einem scharfen schweren Küchenmesser der Länge nach spalten. Die Hummerscheren mit einer Küchenschere seitlich etwas aufbrechen, *corail* und Innereien herausnehmen. Den Gallensack hinter dem Kopf mit dem daranhängenden Darm herauslösen und wegwerfen.
Den Grill vorheizen, den Grillrost mit einer mit Butter eingepinselten Alufolie belegen. Die Hummerhälften mit der Schnittfläche nach unten 4 Minuten grillen, wenden, mit etwas flüssiger Butter bestreichen und 3 weitere Minuten grillen, bis das Hummerfleisch leicht zu bräunen beginnt.
Die restliche weiche Butter mit dem Zitronensaft und den gehackten Estragonblättern verrühren und zu dem Hummer reichen.
Beilage: Frisches Weißbrot
Getränke-Empfehlung: Champagner

Gegrillte Sardinen

Wer das Glück hat, im Urlaub fangfrische Sardinen direkt von den heimkehrenden Fischerbooten zu bekommen, legt die silbrigen Fische unausgenommen und ungesalzen auf den vorgeheizten Grill – eine knappe Minute jede Seite. Und dann sofort mit den Fingern essen. Ein simpler Genuß, der nicht zu steigern ist. Aber auch daheim schmecken sie vorzüglich nach folgendem Rezept:

Zubereitungszeit: 30 Minuten
12 Stunden marinieren

1 kg frische Sardinen
1 EL Öl zum Grillen

Marinade:
1 Schalotte
1 Knoblauchzehe
2 Zweiglein Thymian
1 Zweiglein Rosmarin
1 TL Meersalz
1 Tasse Olivenöl

Die Sardinen an der Bauchseite aufschneiden und ausnehmen. Waschen und auf einem Küchenpapier abtrocknen lassen. In eine längliche Schüssel geben.
Für die Marinade die Schalotte und die Knoblauchzehe in Würfel schneiden und mit den Kräutern, Salz und Pfeffer an das Öl geben. Gut vermischen, bis das Salz aufgelöst ist.
Das Kräuteröl über die Sardinen gießen und 12 Stunden marinieren, dabei hin und wieder wenden.
Den Grill vorheizen. Den Rost einfetten und die marinierten, gut abgetropften Sardinen darauflegen. Von beiden Seiten in einer Minute goldbraun grillen. Während der Grillzeit mit der Marinade bepinseln. Darauf achten, daß die Hitze nicht zu stark ist, da die Sardinen sonst trocken werden.
Auf einer vorgewärmten Platte angerichtet servieren.
Beilage: Kräftiges Bauernbrot oder Folienkartoffeln
Weinempfehlung: Ein Sangiovese aus der Romagna

Gegrillter Lachs

Zubereitungszeit: 10 Minuten
1 Stunde vorher marinieren

1 Stück frischer Wildlachs mit ungeschuppter Haut (800 g), ebenso geeignet sind andere Edelfische

feinstes Olivenöl extravergine
Pfeffer
Meersalz

Gleich beim Einkauf das Lachsfilet von der Hauptgräte ablösen lassen und in 4 breite Portionsstücke schneiden lassen – wichtig ist dabei, daß die Haut beim Durchschneiden an dem Lachs verbleibt, denn sie schützt das Fischfleisch vor dem Austrocknen beim Grillen. Die Lachsstücke 1 Stunde vor dem Grillen mit Olivenöl übergießen und 2–3mal darin wenden.
Den Grillrost mit Olivenöl bestreichen und den Grill gut vorheizen. Die Lachsstücke mit der Hautseite nach unten auf den Grill legen und etwa 5–7 Minuten, je nach Dicke der Scheiben, grillen. Die andere Seite wird nicht gegrillt.
Den Lachs mit im Mörser grob zerstoßenen Pfeffer und mit etwas Meersalz aus der Salzmühle bestreuen.
Beilage: Folienkartoffeln, Möhren in Sherryrahm
Weinempfehlung: Ein edler Rheingauer Riesling

Gegrillte Makrelen

Zubereitungszeit: 30 Minuten

8 möglichst kleine Makrelen (je 100–150 g), ebenso geeignet sind grüne Heringe

Salz
Pfeffer
einige Stengel Petersilie
1–2 EL Öl

Den Grillrost mit Öl einfetten und den Grill erhitzen.
Die ausgenommenen, von den Kiemen befreiten und gewaschenen Makrelen mit einem Küchenpapier abtrocknen. Salzen und pfeffern. In das Innere 1–2 Stengel Petersilie geben. Den Rücken der Makrelen zwei- bis dreimal mit einem scharfen Messer leicht einschneiden. Die Fische mit Öl bepinseln. Man kann die Makrelen zum Grillen auch der Länge nach aufschneiden, die Mittelgräte entfernen und einölen.
Die Makrelen auf den gefetteten heißen Rost legen und von jeder Seite etwa 10 Minuten grillen, dabei hin und wieder wenden. Auf einer heißen Platte anrichten.
Beilage: Folienkartoffeln
Empfohlene Sauce: Die fetten Makrelen schmecken ohne Sauce besonders gut, für Heringe ist eine Senfsauce zu empfehlen.
Getränke-Empfehlung: Ein trockener Müller-Thurgau von der Nahe

Gegrillter Schwertfisch in Würzöl

Für das Würzöl die abgezogenen Knoblauchzehen fein hacken. Mit dem Olivenöl, der entkernten kleingeschnittenen Pfefferschote und den Gewürzen in einer flachen Schale vermischen.
Den Schwertfisch waschen, trockentupfen und für 2 Stunden in die Marinade legen. Hin und wieder wenden.
Den Grill vorheizen.
Die Schwertfischscheiben aus der Marinade nehmen, abtropfen lassen und auf den geölten Rost geben. Auf jeder Seite 5 Minuten grillen.
Beilage: Folienkartoffeln, junge Erbsen
Weinempfehlung: Ein weißer San Severo aus Apulien

Zubereitungszeit:
2 Stunden marinieren

4 Scheiben Schwertfisch (je 250 g), ebenso geeignet ist Thunfisch
1 EL Öl zum Grillen

Würzöl:
3 Knoblauchzehen
⅛ l bestes Olivenöl
1 kleine scharfe Pfefferschote
½ TL im Mörser zerstoßene Korianderkörner
1 TL Fenchelsamen
1 EL grüner Pfeffer
1 Teelöffelspitze Kümmel

Gegrillter Wolfsbarsch

Ein frischer Wolfsbarsch – ein echter »loup de mer« aus dem Mittelmeer – hat einen so herrlichen Eigengeschmack, daß es mir beklagenswert erscheint, daß der teure Fisch in seinem Hauptfanggebiet – der Côte d'Azur – so oft mit einem Feuerzauber von brennenden Fenchelzweigen serviert wird. Wenn man einen ganzen Wolfsbarsch zur Verfügung hat, sollte man ihn grillen. Ideal ist ein Holzkohlengrill. Und man braucht nichts weiter dazu als etwas feinstes Olivenöl erster Pressung. Und – wenn überhaupt gewürzt wird – so schmeckte mir bisher am besten ein würziger Hauch von Origano.

Den Fisch vorsichtig selbst ausnehmen (am besten von den Kiemen her), die Kiemen entfernen, kurz waschen und mit einem Küchenpapier vorsichtig trockentupfen. Nicht schuppen, das Schuppenkleid hält das Innere des Fisches saftig und frisch.
Übrigens: Der große Fischkoch Paul Minchelli lehnte es ab, einen Wolfsbarsch vor dem Grillen zu salzen oder mit Öl zu bestreichen. Er behauptet, daß der Fisch alle erforderlichen Geschmacksstoffe enthält. Ich salze das Innere des Wolfsbarsches leicht, vielleicht auch, weil ich ihn nicht so meeresfrisch bekomme.
Den Grill vorheizen, den Rost mit Öl bepinseln. Den Wolfsbarsch von innen leicht salzen, vorsichtig leicht mit Olivenöl beträufeln und auf den sehr heißen Grill legen – möglichst nicht zu nahe an der Glut. 10 Minuten grillen lassen, dann wenden und weitere 10 Minuten grillen. Der Fisch ist gar, wenn sich eine Rückenflosse leicht herausziehen läßt.
Den Fisch auf eine vorgewärmte Platte geben und die Haut vorsichtig abziehen. Die Filets leicht von der Hauptgräte lösen.
Dazu nur ein Schälchen mit Olivenöl servieren oder zerlassene Butter.
Beilage: Gemischter Blattsalat (Mesceun)
Weinempfehlung: Ein weißer Bellet aus Nizza

Zutaten für 2–3 Personen
Zubereitungszeit: 30 Minuten

1 Wolfsbarsch (ca. 1 kg)
feinstes Olivenöl extravergine
Meersalz

FISCH IM BACKOFEN

Wenn ich einen schönen Fisch habe, der mehr als 1 kg wiegt, weiß ich keine bessere Zubereitungsart, als ihn im Ofen zu backen«, schreibt Gérard Allemandou, ein Küchenchef aus der Charente, der jüngst in den Olymp der bekanntesten Fischköche Frankreichs aufgenommen wurde. Ich kann ihm nur beipflichten. So ein Prachtexemplar von Fisch ist ein Festessen, das sich mit jedem Fleischbraten messen kann. Schon während des Garvorganges wird der Fisch mit dem anfallenden Bratensaft parfümiert, so daß er zuletzt von seinem würzigen Aroma ganz durchzogen ist. Von mitgeschmorten Gemüsestreifen umgeben präsentiert er sich äußerst appetitanregend.
Die Italiener, die Fisch seit eh und je am liebsten im Ganzen im Backofen zubereiten, verzichten sogar auf mitgeschmortes Gemüse und beschränken sich auf ihr gutes Olivenöl und Kräuter wie Rosmarin, Thymian und Origano. Oder sie bestreuen den fertig gegarten »pesce al forno« mit frischer gehackter Petersilie, Basilikum oder Minze. Soll der Fisch eine schöne braune Kruste haben, wird er, bevor er in den Backofen kommt, mit einer Paste aus gehacktem Knoblauch, Petersilie und Olivenöl bestrichen, ein Rezept, das auch an der spanischen Mittelmeerküste beliebt ist. Hierzulande sind ein gespickter Schellfisch oder ein badischer Hecht mit Sahnesauce schmackhafte Beispiele für die Zubereitung größerer Fische im Rohr.
Über die exakten Garzeiten herrscht auch unter den Profiköchen Uneinigkeit. Zu Beginn ist der Arbeitsvorgang immer der gleiche: Der vorbereitete Fisch wird in den vorgeheizten Backofen geschoben und zunächst für kurze Zeit starker Hitze ausgesetzt. Dadurch bildet sich – genau wie bei einem Braten aus Fleisch – eine schützende Haut, unter der der Fisch schön saftig bleibt. Über das weitere Vorgehen sind die Köche geteilter Meinung. Die Vertreter der modernen Küche plädieren dafür, den Fisch so schnell wie möglich zu Ende zu garen, so daß er sich beim Ablösen der Fischfilets gerade eben von den Gräten lösen läßt. Die Kollegen von der traditionellen Richtung, die wieder an Einfluß gewinnen, empfehlen, den Fisch nach der starken Anfangshitze bei ganz leichter Temperatur – zeitweilig sogar mit Folie bedeckt – langsam garziehen zu lassen. Beträufeln während des Bratvorganges bei beiden Methoden nicht vergessen! Beide Zubereitungsarten haben ihre Vorzüge und die Rezepte, die ich für Sie ausgewählt habe, stammen sowohl aus der traditionellen als auch aus der modernen Fischküche. Ein mit Sauce bedecktes geschmortes Fischgericht kann zum Schluß kurz bei starker Oberhitze oder unter dem Grill gratiniert werden.
Eine sehr alte Methode, edlen Seefisch im Backofen zu garen, ist die in einer Kruste von Meersalz. Ich habe diese Zubereitungsart schon vor vielen Jahren in den kleinen Hafenrestaurants am Mittelmeer kennengelernt – neuerdings wird sie auch in unseren Luxusrestaurants immer beliebter. Der Fisch behält unter der dicken luftdichten Salzhülle sein herrliches Aroma und seine Saftigkeit und nimmt von der Kruste nicht mehr Salz auf, als er zur geschmacklichen Vollendung braucht. Um ihn voll zu genießen, werden auch keine stark gewürzten Saucen dazu gereicht: ein wenig zerlassene Butter oder Olivenöl lassen den reinen Wohlgeschmack des Fisches am besten zur Geltung kommen.
Überbackene Fischtöpfe – möglichst in einem Steingutgefäß – stammen häufig aus der ländlichen Küche. So überbacken die Spanier z. B. gerne Fische und Muscheln zusammen mit Kartoffeln und Gemüse. Versuchen Sie auch einmal, klassische Eintopfgerichte mit Gemüse und Fleisch durch Fisch zu verändern. Ich habe es mit den unterschiedlichsten Gerichten erfolgreich versucht. Das Ergebnis war leicht und delikat. Die griechische »Moussaka« und der badische »Baeckeofe« in diesem Kapitel sind Beispiele dafür. Überbackene Fischtöpfe sind auch ein ideales Essen für Gäste, nicht zuletzt, weil es sich gut vorbereiten läßt.

MEERESFISCH IN DER SALZKRUSTE

Foto Seite 112/113

Meeresfisch in einer Kruste von Meersalz zu garen, ist eine sehr alte, aber fischgerechte Zubereitungsart der kleinen Restaurants der Hafenstädte am Mittelmeer – heute findet man den »Fisch in der Salzkruste« auch auf den Speisekarten von Luxusrestaurants.
Die Zubereitung ist ganz einfach, auch am häuslichen Herd. Wichtig ist nur: man hat einen ganz frischen Fisch und grobes Meersalz zur Verfügung. Der Fisch behält voll seinen Eigengeschmack und seine Saftigkeit, und er nimmt von der Salzkruste nicht mehr Salz auf, als er zur geschmacklichen Vollendung braucht. Deshalb soll man auch möglichst keine gewürzten Saucen dazu reichen, sondern nur zerlassene Butter oder duftendes Olivenöl mit Zitronensaft vermischt, um voll genießen zu können, wie delikat ein unverfälschter frischer Fisch schmecken kann.

Die Kiemen des Fisches entfernen. Den Fisch an der Bauchseite nur am Kiemenende quer einschneiden und ausnehmen. Waschen und mit einem Küchentuch gut trocknen. In die entstandene Öffnung die Kräuter stopfen.
Auf eine feuerfeste Platte eine etwa 3 cm dicke Schicht Salz geben und in die Mitte den Fisch legen. Das restliche Salz als dicke Umhüllung um den Fisch verteilen, der Fisch muß vollständig von dem Salz bedeckt sein.
Den Fisch im vorgeheizten Backofen bei starker Hitze (250°) – je nach Größe – in 30–35 Minuten garbacken; die Salzkruste soll hart sein. 10 Minuten ruhen lassen.
Für die Sauce entweder die Butter zerlassen, den Zitronensaft hinzufügen und frischgemahlenen Pfeffer darunterrühren *oder* feinstes Olivenöl erster Pressung mit Zitronensaft und gehackter Petersilie mit einer Gabel zu einer glatten Ölsauce verschlagen.
Die Salzkruste erst bei Tisch mit einem kleinen Hammer aufschlagen und abheben. Die Haut vorsichtig von dem Fisch abziehen und die Filets abheben. Auf vorgewärmte Teller geben und mit der Sauce übergießen.
BEILAGE: Petersilienkartoffeln, Fenchelgemüse
WEINEMPFEHLUNG: Ein Sancerre oder ein Soave

Zubereitungszeit: 45 Minuten

1 frischer Meeresfisch von 1,2–1,5 kg wie Wolfsbarsch, Zackenbarsch, Dorade oder Angelschellfisch

1 Handvoll frische gemischte Kräuter wie Dill, Kerbel, Petersilie, Sauerampfer
3–4 kg grobes Meersalz
Sauce:
120 g Butter
2 EL Zitronensaft
Pfeffer
oder
8 EL Olivenöl extravergine
2 EL Zitronensaft
½ EL gehackte Petersilie

BARSCHFILETS IN KRÄUTERRAHM

Eine flache feuerfeste Form mit Butter ausstreichen. Die Filets leicht salzen, pfeffern und dachziegelartig in der Form anrichten. Dabei zwischen jedes Filet ein wenig weiche Butter geben, damit sich die Filets beim Herausnehmen voneinander lösen lassen.
Die Kräuter über den Fisch streuen, den Wein sowie die Sahne darübergießen und mit den frisch geriebenen Semmelbröseln bedecken. Die restliche Butter in Flöckchen daraufsetzen.
Im vorgeheizten Backofen bei schwacher Mittelhitze (180°) in etwa 10 Minuten gardünsten. Den Fisch in der Form servieren.
BEILAGE: Petersilienkartoffeln, frischer Spargel oder Gurkensalat
WEINEMPFEHLUNG: Ein Fendant aus der Schweiz

Zubereitungszeit: 20 Minuten

4 Flugbarschfilets (Egli), ebenso geeignet sind andere Süßwasserfische wie Saiblinge, Renken, Zander

60 g Butter, Salz, Pfeffer
1 EL gehackte Kräuter (Kerbel, Basilikum)
1 Glas trockener badischer Weißwein
¼ l Sahne
½ Tasse Semmelbrösel

Gespickter Dorsch – Memelländer Art

Zubereitungszeit: 1 Stunde

1 mittelgroßer Dorsch (ca. 1½–2 kg), ebenso geeignet ist Schellfisch oder Zander

Zitronensaft
Meersalz
60 g fetter Speck
5 abgezogene Tomaten
2–3 Möhren
1 Stange Lauch
2 Zwiebeln
50 g Butter
¼ l süße Sahne

Den gesäuberten Fisch mit Zitronensaft beträufeln und salzen. Den Speck in Streifen schneiden und den Rücken des Fisches auf beiden Seiten damit spicken. Die Tomaten vierteln oder in Scheiben schneiden. Die Möhren schaben, waschen und ebenso wie den geputzten Lauch und die geschälten Zwiebeln in Scheiben schneiden.
Die Butter in einem länglichen Schmortopf oder einer länglichen feuerfesten Form zerlassen und das Gemüse darin unter gelegentlichem Umrühren andünsten. Den Fisch darauflegen und im vorgeheizten Backofen zugedeckt bei 200° in 35–40 Minuten garbacken. In der letzten Viertelstunde der Garzeit den Deckel abnehmen und die Backofentemperatur auf 180° herunterschalten. Die Sahne über den Fisch geben und salzen. Den Fisch gelegentlich damit begießen. Den Dorsch auf eine Platte geben.
Die Sauce etwas einkochen lassen und über den angerichteten Fisch verteilen.
Beilage: Salzkartoffeln, grüner Salat oder Gurkensalat
Weinempfehlung: Ein milder Sylvaner aus Rheinhessen

Heringe a la Sainte-Menehould au Champagne

Sainte-Menehould in der Champagne ist eigentlich für eine ganz andere Spezialität bekannt: für die viele Stunden geschmorten Schweinefüßchen à la Sainte-Menehould. In einem alten Kochbuch fand ich nun dieses Rezept für Heringe, die ebenfalls viele Stunden in Champagner oder einem stillen Champagnerwein geschmort werden. Es beweist, daß in früheren Jahrhunderten der Hering großen Respekt genoß, und es lohnt sich durchaus, dieses ungewöhnliche Rezept einmal nachzukochen.

Zubereitungszeit: 30 Minuten
Im Backofen: 7 Stunden

4 große Heringe, möglichst mit Milch

1 Strauß Petersilie
1 Möhre
1 Zwiebel
1 Knoblauchzehe
80 g Butter
Meersalz
Pfeffer
Muskat
1 Flasche Sekt oder Champagner oder Bouzy rouge

Die Heringe schon beim Einkauf bratfertig herrichten lassen. Wenn sie die Milch enthalten (nicht den Rogen), diese mitgeben lassen.
Die Petersilie waschen und grob hacken, Möhre und Zwiebel in Streifen schneiden, die Knoblauchzehe fein wiegen.
In einer Kasserolle 40 g Butter zerlassen und das Gemüse darin leicht anschwitzen. Salzen, mit grob gemahlenem Pfeffer bestreuen und etwas Muskatnuß darüberreiben. Ein Drittel des Champagners hinzufügen und zugedeckt bei ganz leichter Hitze eine Stunde kochen lassen.
Eine längliche Auflaufform mit Butter ausstreichen und die Heringe abwechselnd mit Kopfende und Schwanzende nebeneinanderlegen. Mit der Champagnersauce übergießen.
Die Form fest mit dem Deckel verschließen und zusätzlich mit einer doppelt gefalteten Alufolie abdichten.
Im vorgeheizten Backofen 6 Stunden bei 150° backen lassen. Am Ende der Backzeit sind die Gräten der Heringe praktisch aufgelöst.
Die restliche Butter in Flöckchen auf den Heringen zergehen lassen.
Beilage: Kartoffelpüree mit Selleriepüree vermischt
Getränke-Empfehlung: Den gut verschlossenen restlichen Champagner

Kabeljau mit Kräuterkruste – Spanische Art

Auch wenn es heißt, das beste weil saftigste Fleisch sei das Kopfstück des Fisches: ich meine, wenn man einen Fischbraten im Ofen herstellen will, aber der ganze Fisch zu groß ist, kauft man, zumindest bei einem größeren Meeresfisch, besser das Schwanzstück und umwickelt nach der Hälfte der Backzeit das dünne Ende mit Folie.

Den gewaschenen Kabeljau mit einem Küchenpapier trockentupfen.
Die geschälten Kartoffeln und Zwiebeln in feine Streifen schneiden und miteinander vermischen. Mit den Gewürzen vermischen.
Eine Auflaufform (am besten eine aus Steingut) mit 4 Eßlöffeln Olivenöl ausgießen und das Kartoffel-Zwiebel-Gemisch darin gründlich wenden.
15 Minuten im vorgeheizten Backofen bei starker Hitze (220°) unter gelegentlichem Wenden hellgelb braten. Flachstreichen und den mit Pfeffer und Salz gewürzten Fisch darauflegen. Mit etwas Öl beträufeln. Den Wein über die Kartoffeln gießen. 15 Minuten bei schwacher Mittelhitze (180°) backen.
Inzwischen die abgezogenen Knoblauchzehen (den grünen Keim entfernen) fein wiegen und mit der Petersilie und den Semmelbröseln vermischen. So viel Öl unter Rühren hinzufügen, daß eine streichfähige Paste entsteht. Den Kabeljau gleichmäßig damit bedecken und wieder in den Ofen geben. Weiterbacken (200°), bis die Kruste braun und knusprig ist.
Weinempfehlung: Ein leichter spanischer Weißwein, z. B. einer aus La Mancha

Zubereitungszeit: 1 Stunde

1 kleinen Kabeljau ohne Kopf oder das Schwanzende von einem Kabeljau (1,2–1,5 kg), ebenso geeignet ist Zander, Schellfisch oder Seelachs

6 große Kartoffeln
4 Zwiebeln
½ TL getrockneter Majoran oder Origano, Meersalz, Pfeffer
8 EL Olivenöl
½ Glas Weißwein
3 Knoblauchzehen
2 EL gehackte Petersilie
4 EL frischgeriebene Semmelbrösel

Klippfisch – Vicentinische Art

Bacala alla Vicentina

Den Klippfisch in 2–3 Stücke schneiden und in reichlich Wasser 24 Stunden einweichen, dabei das Wasser hin und wieder erneuern.
Den Klippfisch mit Wasser bedecken und mit Sellerie und Petersilienstengel 10 Minuten kochen. Aus dem Kochwasser nehmen und gut abtropfen lassen.
Die Haut abziehen, den Fisch entgräten und in Streifen schneiden.
Die gewässerten Sardellenfilets hacken, Knoblauch und Zwiebel in feine Würfel schneiden und in der Butter und 4 Eßlöffeln Olivenöl bei leichter Hitze glasig braten. Die Petersilie hinzufügen.
Eine feuerfeste Form mit etwas Olivenöl ausgießen.
Die Klippfischstreifen in Mehl und dem geriebenen Parmesankäse wenden.
Die Hälfte der panierten Fischstreifen in die Auflaufform geben und mit der Hälfte der geschmorten Zwiebeln bestreuen. Die zweite Hälfte der Klippfischstreifen darüberfüllen und mit den restlichen Zwiebeln bedecken.
Das restliche Öl und die warme Milch miteinander verrühren, frischgemahlenen Pfeffer und Stangenzimt hinzugeben und über den Fisch gießen.
Im vorgeheizten Backofen bei mäßiger Hitze (180°) in 3–4 Stunden garen.
Beilage: Polenta
Weinempfehlung: Cartizze bianco

Zutaten für 4 Personen
Zubereitungszeit: 45 Minuten
Kochzeit: 3–4 Stunden
Klippfisch 24 Stunden einweichen

800 g Klippfisch

2 Stengel Sellerie und Petersilie
100 g Sardellenfilets
4 Zehen Knoblauch, 1 Zwiebel
2 EL Butter
¼ l bestes Olivenöl
1 EL gehackte Petersilie
1–2 EL Mehl
100 g geriebener Parmesan
¾ l Milch
Pfeffer
1 Stückchen Stangenzimt

DORADE (GOLDBRASSE) MIT ZITRONEN UND ORANGEN

Ein typisches Gericht der sonnendurchglühten provenzalischen Nobelküche von Roger Vergé in seinem schönen Restaurant »Moulin de Mougins« an der Côte d'Azur ist das folgende Rezept für Dorade. Der leicht bittere Geschmack frischer Lorbeerblätter geht mit dem Duft und dem Geschmack von Zitrusfrüchten und duftendem Olivenöl eine ideale Geschmacksverbindung mit der edlen Dorade ein. Zum Nachkochen sollten Sie unter den vielen Doradensorten möglichst die »daurade royale« kaufen, die goldfarbene mit dem kleinen Krönchen auf dem Kopf.

Zutaten für 2 Personen
Zubereitungszeit: 45 Minuten

1 Dorade (800 g–1 kg)

5 frische Lorbeerblätter
Meersalz
Pfeffer
6 EL kaltgepreßtes feinstes Olivenöl aus der Provence
3 unbehandelte Orangen ohne Kern
2 unbehandelte Zitronen

Die Dorade gleich beim Einkauf bratfertig herrichten lassen (sie hat sehr scharfe Gräten) oder den gewaschenen Fisch schuppen, mit einer Küchenschere die Flossen abschneiden und vorsichtig ausnehmen. 3 Lorbeerblätter in jeweils 8 kleine Dreiecke schneiden. Die Dorade innen und außen mit Salz und frischgemahlenem Pfeffer würzen. Mit einer Messerspitze auf beiden Seiten je 12 flache senkrechte Schnitte durch die Haut machen, ohne dabei das Fleisch der Dorade zu verletzen. In jeden Schnitt wird ein Stückchen Lorbeerblatt geschoben. Den Fisch leicht mit den Handballen massieren, damit die Gewürze in das Fleisch eindringen. 2 Lorbeerblätter in das Innere der Dorade legen. Mit 2 Eßlöffeln Olivenöl von beiden Seiten einfetten.
Eine Bratenpfanne bis zur Hälfte mit heißem Wasser füllen. Den Fisch darüber auf den Bratenrost legen und im vorgeheizten Backofen bei starker Hitze (250°) 15 Minuten dämpfen lassen. Den Fisch vorsichtig wenden und von der anderen Seite in weiteren 10 Minuten gardämpfen.
Inzwischen die Orangen und Zitronen mit einem scharfen kleinen Küchenmesser dick schälen, so daß die reine Frucht übrig bleibt, etwa noch anhaftende weiße Haut entfernen. Die Früchte über einem Teller senkrecht in Spalten schneiden, die Häutchen der Früchte sollen zurückbleiben, so daß die Fruchtstücke hautlos sind.
Bevor der Fisch serviert wird, die Orangen- und Zitronenspalten in einer kleinen Kasserolle mit dem aufgefangenen Saft der Früchte und dem restlichen Olivenöl, Salz und Pfeffer leicht erhitzen. (Vorsicht! Nicht zu stark erhitzen, sonst lösen sich die Früchte auf. Auf dem Foto sind einige Scheiben ungeschälte Zitrusfrüchte hinzugefügt.) Die Dorade auf einer vorgewärmten Platte anrichten. Die Früchte in einer Saucière getrennt dazu servieren.
BEILAGE: Wildreis
WEINEMPFEHLUNG: Ein weißer Château neuf du Pape

Fisch-Moussaka

Zubereitungszeit: 1½ Stunden

600 g Fischfilet von Rotbarsch, Kabeljau und Thunfisch

6 Auberginen
Meersalz
1–2 Tassen Olivenöl
Mehl
1 Zwiebel
3 Knoblauchzehen
1 Zweiglein Thymian
2 EL gehackte Petersilie
Salz
grobgemahlener Pfeffer
50 g geriebener Pecorino- oder Parmesankäse
600 g reife Tomaten
1 Becher Joghurt
3 Eier
1 EL Mehl

Die Auberginen schälen und der Länge nach in Scheiben schneiden. Mit Salz bestreuen und 30 Minuten in einer Schüssel ruhen lassen.
Inzwischen die Fischfilets in Stücke schneiden und in einer Küchenmaschine nicht zu fein zerkleinern. oder würfeln
Die Auberginenscheiben kurz waschen und mit einem Küchentuch trockentupfen.
Etwas Olivenöl in einer großen Pfanne erhitzen. Die Auberginenscheiben in Mehl wenden und nach und nach in dem Öl von beiden Seiten goldbraun braten. Wenn nötig, weiteres Olivenöl in die Pfanne geben. Nebeneinandergelegt abkühlen lassen.
Die geschälte Zwiebel sowie die Knoblauchzehen (grünen Keim im Inneren entfernen) in Würfel schneiden und in dem restlichen Öl in der Pfanne glasig braten. Das gehackte Fischfleisch und die Kräuter hinzufügen und nur kurz anbraten. In eine Schüssel geben, gut miteinander vermischen und herzhaft mit Salz, Pfeffer und geriebenem Käse abschmecken.
Die Tomaten brühen, abziehen und quer zur Blüte in dünne Scheiben schneiden, dabei das harte gelbe Mark zurücklassen.
Eine feuerfeste Form mit Öl ausstreichen und mit einem Drittel der Auberginenscheiben auslegen. Die Hälfte des Fischhacks daraufgeben und mit der Hälfte der Tomatenscheiben bedecken. Darüber kommt das zweite Drittel der Auberginenscheiben, der restliche Fisch, dann die Tomatenscheiben und zum Schluß die restlichen Auberginenscheiben.
Im vorgeheizten Backofen bei mittlerer Hitze (200°) 20 Minuten backen lassen.
Inzwischen den Joghurt mit den Eiern, Mehl und Salz mit einem Schneebesen gründlich verrühren und über die Auberginen gießen. Weitere 15 Minuten backen, bis sich eine goldgelbe Kruste gebildet hat.
Beilage: Weißbrot
Weinempfehlung: Vernaccia di San Gimignano

Fisch im Backofen – italienische Art

Den gewaschenen Fisch ausnehmen, wenn nötig schuppen und die Flossen abschneiden. Mit einem Küchenpapier trockentupfen und mit Salz einreiben.
Den Rosmarinzweig in Olivenöl wenden und in den Bauch des Fisches geben.
Das Olivenöl in einer feuerfesten Form, möglichst aus Steingut, erhitzen.
Den Knoblauch fein wiegen und in dem Öl glasig braten. Den Origano hinzufügen.
Den Fisch in die Form legen und mit der Ölsauce übergießen. Mit der in Öl getränkten Petersilie bestreuen. 25–30 Minuten bei schwacher Mittelhitze (180°) im Ofen überbacken, dabei hin und wieder sehr vorsichtig mit Öl übergießen, damit die Haut des Fisches nicht platzt.
Während des Bratens auch aufpassen, daß der Fisch nicht in der Form hängen bleibt, das würde sein schönes Aussehen beeinträchtigen. Der Fisch ist gar, wenn sich eine Rückenflosse leicht herausziehen läßt.
Den Fisch in der Form auftragen.
Beilage: Frisches knuspriges Weißbrot, Salat
Weinempfehlung: Vino bianco oder rosato aus Ischia oder vom Vesuv

Zubereitungszeit: 40 Minuten

1 Meeresfisch mit Kopf und Schwanz (ca. 1½ kg): Dorade (Goldbrasse), große Rotbarbe, Schellfisch, Seelachs, Wolfsbarsch oder Zackenbarsch

Meersalz
1 Zweig frischer Rosmarin
6 EL Olivenöl
2 Knoblauchzehen
1 Teelöffelspitze Origano
2 EL gehackte Petersilie

Saibling mit Lauch-Butter-Kruste

Karl Ederer hat sich in seinem »Restaurant Glockenbach« in München vor allem den Fischen aus den bayerischen Alpenseen gewidmet, ganz besonders dem Saibling, der als der edelste der Süßwasserfische gilt. Das folgende Rezept hat mir bei ihm besonders gut geschmeckt.

Die ausgenommenen, gewaschenen Saiblinge filetieren, entgräten und enthäuten. Den gut gewaschenen Lauch in Scheiben und dann in Würfel schneiden. In reichlich ¼ l Wasser blanchieren.
Die weiche Butter, Salz und Cayenne vermischen und mit einem Schneebesen schaumig rühren. Zitronensaft, Weißbrot und 3 Eßlöffel gut abgetropften Lauch hinzufügen. Alle Zutaten gründlich zu einer Paste vermischen. Die Saiblingfilets salzen und mit der Bröselmasse bestreichen.
In eine große flache feuerfeste Form das Wasser und den Wein geben. Die vorbereiteten Filets nebeneinander hineinlegen und im Grill oder mit starker Oberhitze bei 250° im vorgeheizten Backofen etwa 5 Minuten garen lassen. Die Kruste soll knusprig braun sein.
Inzwischen die restlichen Lauchwürfel in ihrem Kochwasser noch einmal erhitzen. Von der Kochstelle nehmen. Die Sahne und die Butter in Flöckchen hinzufügen und mit einem elektrischen Schneebesen zu einer glatten Sauce vermischen. Mit Salz und frischgemahlenem Pfeffer abschmecken. Die gehackte Petersilie hinzufügen.
Die Sauce auf vorgewärmte Teller gießen und die Filets darauf anrichten.
Beilage: Hausgemachte grüne Nudeln
Weinempfehlung: Ein Muscadet

Zubereitungszeit: 30 Minuten

2 Saiblinge (je 300–400 g)

200 g Lauch
40 g Butter
Salz
Cayennepfeffer
Saft ½ Zitrone
80 g frischgeriebenes Weißbrot
(2 Tage alt)
4 EL Wasser
4 EL Weißwein
⅛ l Sahne
100 g gesalzene Butter
frisch gemahlener Pfeffer
1 EL gehackte Petersilie

Fisch im Ofen auf Gemüsejulienne

Zubereitungszeit: 1 Stunde

1 ganzer Meeres- oder Süßwasserfisch wie Wolfsbarsch, Meeräsche, Seehecht, Dorsch, Zander, Hecht (ca. 1,2 kg)

2 mittelgroße Stangen Lauch
1 Fenchelknolle
3 Stangen Sellerie
1 Zwiebel
3 Möhren
3 EL Butter
einige Stengel frischer Koriander oder 1 Löffelspitze getrocknete Korianderblätter
Meersalz
1 Glas trockener Weißwein
100 g Crème fraîche
Pfeffer

Den Fisch gleich beim Einkauf säubern, wenn nötig schuppen und ausnehmen lassen. Kopf und Schwanz bleiben am Fisch.
Das Gemüse putzen und in Streifen schneiden.
Den Boden einer feuerfesten Platte mit Rand dick mit 2 Eßlöffel Butter ausstreichen und die Gemüsestreifen, mit dem Koriander vermischt, darauf verteilen. Leicht salzen. Mit der Hälfte Wein begießen und im vorgeheizten Backofen mit einer Alufolie bedeckt bei starker Mittelhitze (220°) 10 Minuten andünsten.
Den Fisch waschen, die Kiemen entfernen, mit einem Küchenpapier trockentupfen und salzen. Mit einem scharfen Messer an der Hauptgräte entlang die Oberseite des Fisches leicht einschneiden. 1 Eßlöffel Butter in Flöckchen in die Spalte geben und den Fisch auf die Platte mit dem Gemüse setzen.
Die gewaschene, in Scheiben geschnittene Zitrone rund um den Fisch legen und den restlichen Wein über den Fisch gießen:
Den Fisch bei schwacher Mittelhitze (180°) 20 Minuten garen lassen. Eine Rückenflosse herausziehen. Wenn sie sich leicht herausziehen läßt, ist der Fisch gar.
Den Fisch auf eine vorgewärmte Platte geben.
Den angefallenen Fischsaft durch ein Sieb in eine Kasserolle geben, die Crème fraîche hinzufügen und einkochen lassen, bis die Sauce cremig ist. Mit Salz und frischgemahlenem Pfeffer abschmecken. Das Gemüse rund um den Fisch garnieren. Die Sauce getrennt servieren.

Beilage: Kleine neue Kartoffeln mit Petersilie bestreut

Weinempfehlung: Denselben Wein, der für die Zubereitung verwendet wurde, z. B. ein fruchtiger Riesling von der Bergstraße.

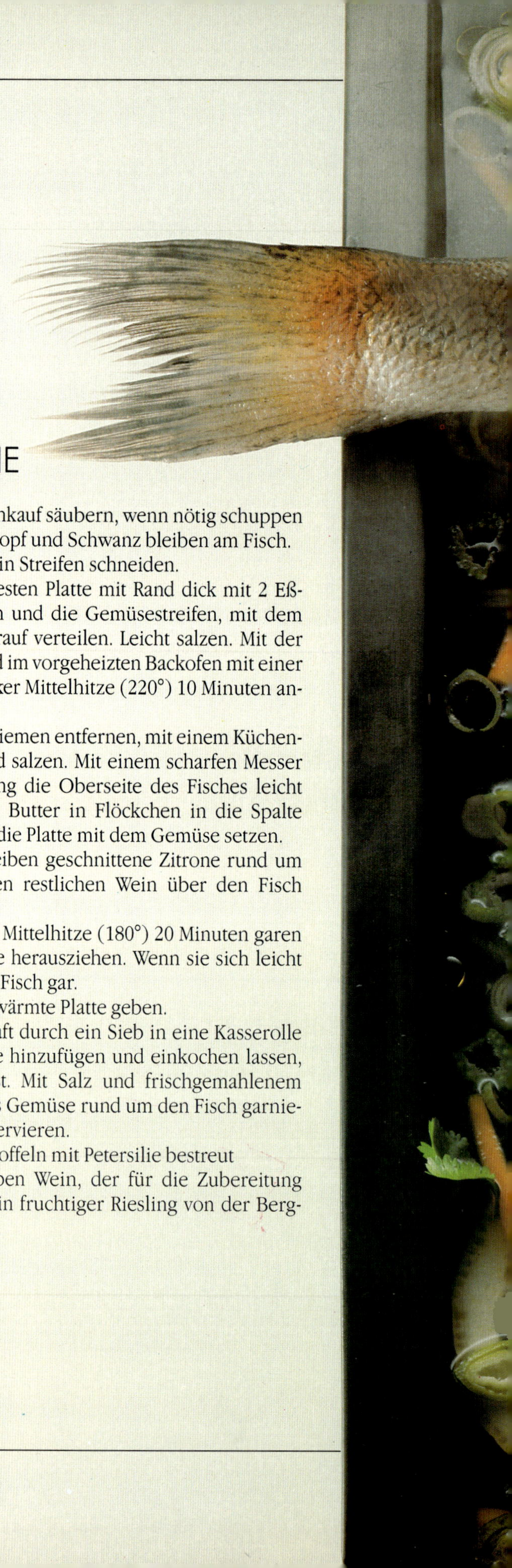

Zander in Vouvraysauce

Dieses edle Zandergericht von der Loire bekamen wir im »Restaurant de Château d'Artigny« in Montbazon Vouvray (Touraine) aufgetischt. Ich habe das mir überlassene Rezept nur ein wenig bei der allzu üppigen Anreicherung des Fischsaftes mit Crème fraîche und Butter gekürzt. Ein Gericht auch für anspruchsvolle Gäste.

Zubereitungszeit: 1 Stunde

1 Zander (1,2 kg), ebenso geeignet ist Hecht

Salz
Schalotten
1 mittelgroße Möhre
1 kleine Stange Lauch
1 kleine Trüffel mit Saft (Dose)
1 EL Butter für die Form
½ Flasche Vouvray oder ein fruchtiger Wein aus dem Elsaß
⅛ l Fischbrühe
100 g weiße Trauben
200 g Crème fraîche
100 g Butter

Den ausgenommenen Zander waschen und sorgfältig mit einem saugfähigen Küchenpapier trockentupfen. Salzen. Die Schalotte schälen und in Streifen schneiden. Die Möhre putzen, den Lauch gründlich waschen und beides ebenfalls in Streifen schneiden, die Trüffel in Würfel.
Eine längliche feuerfeste Form dick mit Butter ausstreichen und das Gemüse gleichmäßig darin verteilen. Den Fisch auf das Gemüsebett legen. Mit dem Wein, der Fischbrühe und dem Trüffelsaft aufgießen. Die Form mit einer Alufolie verschließen. Den Zander im vorgeheizten Backofen bei mittlerer Hitze (200°) in 30 Minuten garziehen lassen.
Den Fisch vorsichtig mit Hilfe einer Backschaufel auf eine vorgewärmte Platte geben. Das Gemüse herausnehmen und um den Fisch garnieren.
Die Trauben abziehen, halbieren und entkernen. Ebenfalls um den Fisch legen. Mit Alufolie bedecken und warmstellen.
Den Fischfond durch ein Sieb geben und in einem Topf auf die Hälfte einkochen lassen. Die Crème fraîche hinzufügen und erneut aufkochen. Von der Kochstelle nehmen und die Butter in Flöckchen unter ständigem Schlagen mit einem Schneebesen mit der Sauce vermischen.
Die Sauce getrennt zu dem Fisch reichen.
Beilage: Hausgemachte Eiernudeln oder kleine neue Kartoffeln
Weinempfehlung: Derselbe weiße fruchtige Vouvray aus der Touraine, wie er für die Zubereitung des Fischgerichtes verwendet wurde.

Überbackene Zanderfilets mit Kräutern

Zubereitungszeit: 20 Minuten

4 Zanderfilets (je 250 g), ebenso geeignet sind Filets von anderen Süßwasserfischen wie Saibling, Felchen oder Lachsforelle

40 g Butter
1 Prise Salz
1 EL gehackte Kräuter (Kerbel, Basilikum)
1 Glas trockener Weißwein
¼ l Schlagsahne
1 Tasse frischgeriebenes Weißbrot

Eine flache, feuerfeste Form mit der Butter ausstreichen.
Die Zanderfilets leicht salzen und nebeneinander in die Form legen. Die Kräuter über den Fisch verteilen und mit dem Weißwein und der Sahne übergießen. Mit dem geriebenen Weißbrot bestreuen.
Im vorgeheizten Backofen bei schwacher Mittelhitze (175°) in 10 Minuten gardünsten.
Die Zanderfilets auf einer vorgewärmten Platte anrichten.
Beilage: Folienkartoffeln, Blattspinat
Weinempfehlung: Ein weißer Kleinbottwarer Brüssele aus Württemberg

Baeckeofe von Süsswasserfisch

Zutaten für 6 Personen
Zubereitungszeit: 45 Minuten
2–3 Stunden marinieren
Backzeit etwa 2 Stunden

400 g Aal
1 dicke Scheibe (300 g) Lachs
2 Zanderfilets (je 200 g)

1 Möhre
1 mit 2 Nelken gespickte Zwiebel
1 Lorbeerblatt
1 Knoblauchzehe
Salz
Pfeffer
½ l elsässischer oder badischer trockener Weißwein
250 g Zwiebeln
1 kg Kartoffeln
60 g Butter

Lassen Sie den Aal gleich beim Einkauf abziehen und in fingerbreite Stücke schneiden. Lachs und Zanderfilets in 2 cm große Würfel schneiden. Die Möhre in Scheiben schneiden.
Die Fischstücke mit den Möhrenscheiben, der Zwiebel, dem zerbröckelten Lorbeerblatt und der abgezogenen Knoblauchzehe in eine Schüssel geben. Salzen, pfeffern und mit dem Wein übergießen. Zugedeckt 2–3 Stunden in den Kühlschrank stellen.
Zwiebeln und Kartoffel schälen, in Scheiben schneiden und miteinander vermischen. Mit Salz und grobgemahlenem Pfeffer würzen.
Einen feuerfesten Steinguttopf dick mit der Hälfte der Butter ausstreichen und die Hälfte der Kartoffel- und Zwiebelscheiben hineingeben. Die Fischstücke mit einem Schaumlöffel aus der Marinade nehmen und auf die Kartoffeln legen. Die restliche Butter in Flöckchen auf die Fischstücke setzen und mit den restlichen Kartoffel- und Zwiebelscheiben bedecken. Die Weinmarinade durch ein Sieb darübergießen.
Den Steinguttopf mit einem Deckel bedecken und außerdem noch mit einer Alufolie verschließen.
Im vorgeheizten Backofen bei schwacher Mittelhitze in 2 Stunden garbacken.
Weinempfehlung: Der gleiche Wein, der für die Zubereitung des Baeckeofe verwendet wurde

Wolfsbarschfilets in feinstem Olivenöl und Thymian

Das folgende Rezept stammt aus dem wunderschönen »Restaurant Antica Osteria del Teatro« in der Altstadt von Piacenza – das ganze Geheimnis dieses anscheinend so schlichten Gerichtes liegt in der Frische des edlen Fisches, dem erlesenen Olivenöl extravergine, der Süße der ausgereiften Tomate und dem Hauch Thymian – alles zusammen eben das, was man raffinierte Einfachheit nennt.

Zutaten für 2 Personen
Zubereitungszeit: 30 Minuten

2 ausgelöste Filets von frischem Wolfsbarsch (je 125 g)

5 EL allerfeinstes Olivenöl extravergine
1 große reife süße Tomate
1 Zweiglein Thymian
1 Löffelspitze grobes Meersalz

Die von aller anhaftenden Haut und kleinen Gräten befreiten Wolfsbarschfilets waschen und mit einem Küchenpapier trockentupfen.
Eine kleine feuerfeste Platte mit 2 Eßlöffeln Olivenöl ausgießen und den Fisch darin wenden.
Im vorgeheizten Backofen bei schwacher Mittelhitze in 5 Minuten leicht bräunen lassen, dabei den Fisch zweimal wenden.
Inzwischen die Tomate brühen, abziehen und nur das Fleisch der Tomate in kleine Würfel schneiden.
Die Tomatenwürfel mit dem restlichen Öl und einigen Thymianblättern vermischen.
Den Fisch auf zwei vorgewärmten Tellern anrichten, mit dem gewürzten Öl mit den Tomaten übergießen und leicht mit dem Salz bestreuen.
Beilage: Junge glasierte Gemüse wie Erbsen, Spargel, kleine grüne Bohnen
Weinempfehlung: Ein Sauvignon La Stoppa

Geschmorter Fisch

Eine der ältesten französischen Zubereitungsarten für geschmorte Fisch- und Krustentiere, »à l'armoricaine«, stammt aus der Bretagne, die früher Armorique hieß. Beim Schmoren verbindet sich dabei der Geschmack der Meerestiere mit dem Aroma von Tomaten, Kräutern, Wein und Sahne auf wahrhaft delikate Weise. Neuerdings erscheint dieses bretonische Gericht immer häufiger auf den Speisekarten der Restaurants unter der Bezeichnung »à l'américaine«, was der amerikanischen Küche nun doch zu viel Ehre erweist.
Es sind vor allem die schmackhaften Saucen, die beim Schmoren entstehen und das Besondere dieser Zubereitungsart ausmachen – obwohl ich nicht der antiquierten französischen Küchenweisheit zustimme: »C'est la sauce, qui fait passer le poisson«, daß der Fisch durch die Sauce erst angenehm wird. Ich liebe den Eigengeschmack von Fischen und Meerestieren so sehr, daß ich ihn nicht durch allzu eigenwillige Saucen verdeckt haben möchte. Aber ich gebe gerne zu, daß ein paar Fischragouts mit ihren exquisiten Saucen zu meinen Lieblingsgerichten gehören.
Beim Schmoren gilt es vor allem, die richtigen Meerestiere auszuwählen. Zu zarte Fische, die leicht zerfallen, eignen sich nicht. Zu empfehlen sind solche mit festem Fleisch wie Lotte, Süßwasser- und Meeraal, Thunfisch und Schwertfisch, Karpfen und Rotbarsch, auch Klippfisch sowie alle Arten von Krustentieren, die eine etwas längere Gardauer überstehen, ohne zu weich zu werden.
Die Fische werden in gleichmäßige Portionsstücke geteilt und, mit Ausnahme der Aale, sorgfältig entgrätet. Am besten ist ein runder Schmortopf oder eine Stielkasserolle mit schwerem Boden und Deckel für die Zubereitung der Ragouts geeignet.
Zuerst werden je nach Rezept Zwiebel- und Knoblauchwürfel, manchmal auch Speckwürfel, in Öl oder Butter glasig gedünstet, bevor man die Fischstücke und vorbereiteten Krustentiere hinzufügt. Nach kurzem Anbraten folgen die weiteren Geschmackszutaten wie Gewürze, Gemüse und etwas Fischsud oder Wein. Das Ragout schmort dann zugedeckt bei ganz leichter Hitze auf dem Herd oder im Backofen in kurzer Zeit gar – die Fischstücke sollen am Ende noch bißfest sein.
Geschmorte Fischgerichte werden je nach Region oder Land mit den unterschiedlichsten Zutaten hergestellt. In der Provence spart man nicht mit Olivenöl, Knoblauch, Tomaten und duftenden Kräutern, während die Basken gerne scharfe Pfeffer- und milde Paprikaschoten verwenden. Im Bordelais wird in rotem Wein geschmort, der auch zum Essen getrunken wird, in der Normandie gehören Cidre und Sahne an ein Fischragout. Die Italiener haben eine Vorliebe für geschmorten Stockfisch, der reichlich Olivenöl und frische Kräuter verträgt. Die Spanier schmoren häufig erst Kartoffeln und Zwiebel in Öl. Die werden dann von dem Saft der hinzugefügten Fische wohlschmeckend durchzogen. Geschmorter Aal mit grünen Kräutern ist in Berlin ebenso beliebt wie in Flandern – und im Elsaß und an der Loire bereitet man ihn mit den edlen lokalen Weinen zu. Raffinierte Kombinationen ergeben sich, wenn Fisch oder Fleisch mit Schalen- oder Krustentieren gemischt werden. Huhn mit Scampi, »Basikisches Huhn«, ist ein klassisches Beispiel. Sie sollten auch einmal versuchen, welche Geschmackssteigerung Sie erreichen können, wenn Sie eine Handvoll frischer Muscheln oder Garnelen mit Schale an Ihr Fischragout geben. Immer beliebter werden geschmorte Gemüse mit einer herzhaften Farce aus Fisch oder Krustentieren, nicht etwa als Fleischersatz, sondern als delikate Bereicherung des Speisezettels.
Es gibt übrigens auch eine Ausnahme von der Regel, daß Meerestiere nur kurz geschmort werden dürfen. Wenn Sie, wie die Neapolitaner, die dicken, oft gummiharten Streifen einer Krake stundenlang bei leichter Hitze in Olivenöl, Tomaten, Wein und Kräutern schmoren, haben Sie am Ende ein ungewöhnlich saftiges zartes Ragout im Topf.

Gefüllter Hummer – Bretonische Art

Homard a l'Armoricaine

Die zartesten Exemplare ihrer Art sind die kleinen Hummer mit dem blauschwarzen Panzer aus dem Ärmelkanal, »demoiselles de Cherbourg« genannt, die jeweils nur etwa 300 Gramm wiegen – leider sehr teuer und schwer erhältlich. Auf jeden Fall sollte man für 4 Personen lieber 2 Exemplare zu 500 bis 600 Gramm nehmen als einen sehr großen Hummer. Eine der wenigen Zubereitungen, die es mit einem frisch gekochten oder gegrillten Hummer aufnimmt an Wohlgeschmack, ist der Hummer auf bretonische Art, mit der man auch vor anspruchsvollen Gästen glänzen kann.

Zubereitungszeit: 1 Stunde

2 Hummer je 500–600 g

Meersalz
3 Schalotten
1 Zwiebel
2 Möhren
1 Knoblauchzehe
5 frische Tomaten
150 g Butter
1 Gläschen Cognac
2 Gläser Weißwein
½ Glas Wasser
1 Kräutersträußchen (¼ Lorbeerblatt, 1 Zweiglein Thymian, einige Stengel Petersilie)
einige Blättchen Estragon
2 EL Tomatenmark
Salz
Cayennepfeffer

Tiefgekühlten Hummer auf Zimmertemperatur auftauen lassen. 3 Liter gesalzenes Wasser (10 g auf 1 Liter) in einem großen Topf zum Kochen bringen und die Hummer mit dem Kopf zuerst in das kochende Wasser geben. 2 Minuten kochen lassen. Die Hummer aus der Kochbrühe nehmen.
Die Schwänze der Hummer ablösen und mit einem scharfen Messer in vier Teile hacken, den Kopf der Hummer der Länge nach halbieren und den Beutel am Kopfende herauslösen und wegwerfen. Die cremigen Teile, die sich im Kopf befinden, sowie den rötlichen *corail* in ein Schüsselchen geben. Die herausgelösten Scheren mit einer Küchenschere anknacken, damit sie sich später leichter auseinanderbrechen lassen.
Die Schalotten, die Zwiebel und die Möhren in kleine Würfel schneiden, die Knoblauchzehe zerdrücken. Die Tomaten brühen, abziehen und in Stückchen schneiden, dabei das harte gelbe Mark zurücklassen.
2 Eßlöffel Butter in einem Schmortopf erhitzen und die Hummerstücke darin von allen Seiten schnell anbraten, die Schalen müssen leuchtend rot sein. Zwiebel-, Schalotten- und Möhrenwürfel hinzufügen und unter ständigem Rühren anbraten, bis die Zwiebelwürfel glasig sind. Zum Schluß die zerdrückte Knoblauchzehe an das Fett geben und anziehen, aber nicht bräunen lassen. Mit der Hälfte des Cognacs übergießen, anzünden und kurz flambieren. Die Tomatenstückchen hinzufügen, 5 Minuten durchschmoren und mit Wein und Wasser aufgießen. Kräutersträußchen, einige Estragonblätter und Tomatenmark hinzugeben und gut zugedeckt 15 Minuten garkochen lassen.
2 Eßlöffel Butter mit der Hummercreme aus dem Kopf der Tiere, dem *corail* und etwas frischem gehacktem Estragon verrühren. Die Hummerstücke aus dem Topf nehmen und warmstellen. Den Fond etwas einkochen lassen, mit der angemachten Butter vermischen und kurz aufkochen lassen. Den restlichen Cognac hinzufügen. Von der Kochstelle nehmen und durch ein Sieb streichen. Die restliche Butter in Flöckchen an die heiße Sauce geben.
Über die Hummerteile gießen und etwas durchziehen lassen.
Nach dem gleichen Rezept werden Langustinen *à l'armoricaine* zubereitet. Die Bretonen sagen, daß dieses Gericht aufgewärmt am besten schmeckt.
Beilage: Edler Basmatireis
Weinempfehlung: Ein Chablis oder ein Corton-Charlemagne aus Burgund

Aal grün

Zubereitungszeit: 40 Minuten

1 kg frische mittelgroße Aale

Meersalz
Pfeffer
⅛ l Wasser
2 Gläser trockener Weißwein
1 kleine Zwiebel
½ Lorbeerblatt
1 Stückchen Zitronenschale
einige Sauerampferblätter
einige Stengel Kerbel
5 Stengel Petersilie
50 g Butter
2 Eigelb
Saft ½ Zitrone

Die Aale gleich beim Einkauf abziehen und in 4 cm lange Stücke schneiden lassen. Mit Essigwasser waschen und abtropfen lassen. Die Aalstücke salzen und pfeffern.
Das Wasser mit dem Wein, der abgezogenen Zwiebel, dem Lorbeerblatt und der Zitronenschale zum Kochen bringen.
Die Aalstücke in den Sud geben und in 15 Minuten bei leichter Hitze garkochen.
In der Zwischenzeit die entstielten, grob geschnittenen Kräuter und die weiche Butter im Mixer oder der Haushaltsmaschine zu einer grünen Creme vermischen und auf einen Teller geben.
Die Aalstücke mit einem Schaumlöffel aus dem Sud nehmen und auf einer Platte anrichten. Warmstellen.
Den Fischsud noch etwas einkochen lassen. Die Kräuterbutter in Flöckchen unter Schlagen mit einem Schneebesen mit dem Sud verrühren. Bis zum Kochen bringen. Sofort von der Kochstelle nehmen und mit dem Eigelb legieren. Mit Zitronensaft abschmecken und über die Aalstücke gießen.
Beilage: Dampfkartoffeln
Weinempfehlung: Ein Meursault aus Burgund

Meeraalragout mit Erbsen

Verlangen Sie beim Einkauf von Meeraal das Kopfende des Fisches, der Schwanzteil ist voller Gräten und enthält kaum Fischfleisch

Zubereitungszeit: 50 Minuten

1 kg Meeraal, ebenso geeignet ist der Seeteufel (Lotte) oder Thunfisch

Meersalz
Mehl
100 g Schinkenspeck
2 Zwiebeln
1 Möhre
3 EL Butter
Pfeffer
1 Kräutersträußchen (1 Zweiglein Rosmarin, ½ Lorbeerblatt, 3 Stengel Petersilie)
1 Glas trockener Weißwein
400 g ausgelöste oder tiefgekühlte Erbsen
2 EL gehackte Petersilie

Den Meeraal gleich beim Einkauf ausnehmen, enthäuten und in 4 cm dicke Scheiben schneiden lassen.
Die Aalstücke waschen und mit einem Küchenpapier trockentupfen. Salzen und ganz leicht in Mehl wenden.
Den Schinkenspeck, die Zwiebeln und die Möhre in Würfel schneiden.
2 Eßlöffel Butter in einem großen Schmortopf zerlassen und die Schinken- und Zwiebelwürfel darin glasig braten. Die Meeraalstücke und die Möhrenwürfel hinzufügen und unter Wenden anbraten. Mit Pfeffer bestreuen und das Kräutersträußchen in den Topf geben. Mit dem Wein aufgießen und die Erbsen hinzufügen. Zugedeckt bei leichter Hitze in 30 Minuten garschmoren lassen.
Mit der restlichen Butter vermischen und mit der Petersilie bestreut auftragen.
Beilage: Kartoffelpüree
Weinempfehlung: Ein Chardonnay aus dem Trentino

Rochenflügel mit Kapern

Das zarte wohlschmeckende Fleisch der Rochen verbirgt sich nur in den Flügeln – Feinschmecker lassen sich beim Kauf der Flügel auch die Bäckchen und die Leber mitgeben. Für das folgende Rezept kann der Rochen auch auf Dampf gegart werden.

Zutaten für 4 Personen
Zubereitungszeit: 20 Minuten

1 kg Rochenflügel

¼ l Fischfond (aus dem Glas)
1 Glas Weißwein
Meersalz
grobgemahlener Pfeffer
80 g Butter
1 EL Kapern
Saft ½ Zitrone

Die Rochenflügel schon beim Einkauf enthäuten und entlang den Fasern in handtellergroße Stücke schneiden lassen. Die knorpeligen kleinen Punkte herausschneiden.
Die Fischstücke gründlich waschen und mit Küchenpapier trockentupfen. In einen flachen Schmortopf geben und mit dem Fischfond und dem Wein bedecken. Herzhaft mit Salz und grobgemahlenem Pfeffer abschmecken. Zum Kochen bringen und den Fisch in dem Fond 5 Minuten leicht kochen lassen.
Inzwischen die Butter zerlassen. Kapern und Zitronensaft hinzufügen und erhitzen, aber nicht bräunen.
Die Rochenflügel vorsichtig aus der Brühe nehmen und mit der Kapern-Zitronen-Butter übergießen. Sofort auftragen.
Anstelle der Butter wird auch gerne Olivenöl, mit Kapern und Zitronensaft vermischt, über die gekochten Rochenflügel gegeben.
Beilage: Petersilienkartoffeln, Salat
Weinempfehlung: Ein Tocai vom Isonzo in Friaul

Geschmortes Rotbarschfilet mit Zwiebeln und Zitrone

Zubereitungszeit: 1 Stunde

4 Scheiben Rotbarschfilet (je 150 g), ebenso geeignet sind Scheiben von Meeraal und Lotte, die Garzeit der Fische ist 4 Minuten länger als die vom Rotbarsch

500 g Zwiebeln
2 Knollen Fenchel
1 unbehandelte Zitrone
500 g Pellkartoffeln
1 rote und 1 grüne Paprikaschote
5 EL Olivenöl
Meersalz
Pfeffer
50 g Butter
1 Bund Petersilie

Die Zwiebeln schälen und in feine Scheiben schneiden, die Fenchelknollen von harten Blättern befreien, halbieren und in Streifen schneiden. Die Zitrone waschen und die Schale von einer halben Zitrone in ganz feine Streifen schneiden.
Einen großen Topf mit Wasser zum Kochen bringen. Die Zwiebelscheiben, die Fenchel- und die Zitronenstreifen darin 5 Minuten blanchieren.
Die Pellkartoffeln auf Dampf garkochen.
Inzwischen die Paprikaschoten in den heißen Backofen geben, bis die Haut platzt. Die Haut abreiben, die Schoten der Länge nach halbieren, Stielansatz und Kerne entfernen und das Fruchtfleisch in feine Streifen schneiden.
Die blanchierten Zwiebelscheiben und Fenchelstreifen mit der Zitronenschale auf ein Sieb schütten und mit einem Holzlöffel soviel Flüssigkeit wie möglich herausdrücken.
Das Öl in einem Schmortopf mit festschließendem Deckel erhitzen, die Paprikastreifen hinzufügen und 5 Minuten schmoren lassen. Die ausgedrückten Zwiebelscheiben und Fenchelstreifen, 2 Teelöffel Salz und Pfeffer zu den Paprikastreifen geben und alles gründlich vermischen. Den Topf fest verschließen und das Paprika-Zwiebel-Fenchel-Gemüse 15 Minuten schmoren lassen.
Die Rotbarschfilets jeweils in drei Streifen schneiden, salzen und pfeffern. Nebeneinander auf das Gemüse legen, mit einer Alufolie bedecken und 5 Minuten schmoren lassen. Die Folie entfernen, die Filets wenden und etwas unter die Zwiebelscheiben schieben. Weitere 4 Minuten unbedeckt schmoren lassen.
Die Fischstücke vorsichtig aus dem Topf nehmen und auf einem Teller warmstellen.
Die Kartoffeln schälen, in Scheiben schneiden und auf einer Platte anrichten. Die Rotbarschstreifen darauflegen und mit dem Gemüse umgeben.
Auf jedem Fischstück ein Flöckchen Butter zergehen lassen und gehackte Petersilie darüberstreuen.
Weinempfehlung: Ein roter Salice Salentino aus Apulien

Baskisches Huhn mit Garnelen

»Le mariage basque« wird die reizvolle Zusammenstellung von Huhn und Krustentieren genannt – ein sehr altes Rezept aus Frankreich und Spanien übrigens, das heute in der modernen Küche fröhliche Urstände feiert.

Zubereitungszeit: 1½ Stunden

1 Poularde (1,2 kg)
Salz
Pfeffer
⅛ l Olivenöl
1 süße spanische Zwiebel (200 g)
1 Knoblauchzehe
2 EL gehackte Petersilie
3 EL geschälte Mandeln
3 EL Pinienkerne
1 Glas trockener Weißwein
500 g Garnelen in der Schale oder die gleiche Menge Flußkrebse
2 Scheiben Zitrone
einige Pfefferkörner
1 geriebener Zwieback
10 g bittere Schokolade
1 Glas spanischer Cognac

Die gewaschene und mit einem Küchenpapier trockengetupfte Poularde mit einem scharfen Messer oder einer Küchenschere in 8 Teile zerlegen. Mit Salz und Pfeffer einreiben.
Das Olivenöl in einem Schmortopf erhitzen und die Geflügelteile darin goldbraun braten.
Die in Streifen geschnittene Zwiebel, die zerdrückte Knoblauchzehe, die Petersilie sowie die Mandeln und Pinienkerne hinzufügen und bei leichter Hitze 10 Minuten dünsten lassen. Mit dem Weißwein aufgießen und die Poulardenteile langsam garschmoren.
Inzwischen die Garnelen in wenig kochendem Wasser mit Salz, Zitronenscheiben und Pfefferkörnern je nach Größe in 4–6 Minuten knapp garziehen lassen.
Eine Tasse Kochwasser der Garnelen zu der Poularde geben, aufkochen lassen und die Sauce mit dem zerriebenen Zwieback binden. Die in Stückchen gebrochene Schokolade und den Cognac hinzufügen und – wenn nötig – mit Salz und frischgemahlenem Pfeffer abschmecken.
Die Garnelen aus den Schalen lösen und mit dem Geflügelragout vermischen. 5 Minuten durchziehen lassen.
Beilage: Reis, Salat
Weinempfehlung: Ein weißer Monopol aus Rioja

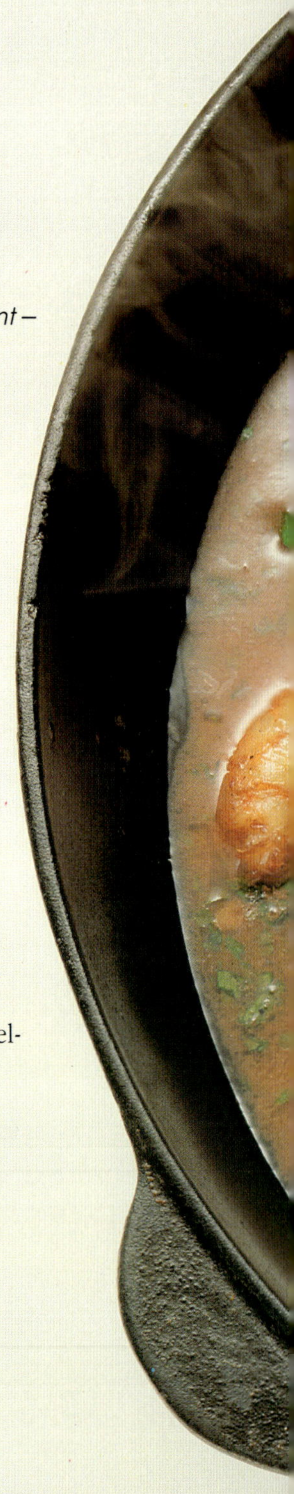

Wirsingrouladen mit Rotbarsch gefüllt

Foto Seite 126/127

Zubereitungszeit: 45 Minuten

300 g Rotbarschfilet, ebenso geeignet sind alle Arten von Fischfilets

8 Blätter von einem jungen Wirsingkohl
1 Eiweiß
3 EL Sahne
1 Schalotte
30 g Schinkenspeck
1½ EL Butter
Meersalz
Pfeffer
Thymian
⅛ l Fleischbrühe
4 EL Crème fraîche

8 schöne nicht zu große Blätter von einem Wirsingkohl ablösen, die harte Rippe flachschneiden und die Blätter in kochendem, leicht gesalzenem Wasser 1 Minute blanchieren. Gut abtropfen lassen.
Das Fischfilet in der Küchenmaschine pürieren, zum Schluß das Eiweiß und die Sahne hinzufügen.
Die Schalotte und den Schinkenspeck fein wiegen und in einem halben Eßlöffel Butter glasig braten. Abkühlen lassen und unter die Fischmasse geben. Mit Salz, Pfeffer und Thymian herzhaft abschmecken.
Die Rotbarschfüllung auf die Wirsingblätter verteilen. Die Blätter fest darüber zusammenschlagen, so daß 8 kleine Rouladen entstehen.
Die restliche Butter in einem Schmortopf erhitzen und die Fischrouladen darin anschmoren, aber nicht braun werden lassen. Mit der Fleischbrühe aufgießen und bedeckt in 20 Minuten garschmoren lassen.
Die Rouladen aus dem Topf nehmen und warmstellen.
Etwas Thymian an die Brühe geben und die Flüssigkeit stark einkochen lassen. Die Crème fraîche hinzufügen und mit Salz und frischgemahlenem Pfeffer würzen. Erneut etwas einkochen lassen.
Die Wirsingrouladen mit der Sauce überziehen.
Beilage: Kleine neue gekochte Kartoffeln, leicht in Butter gebräunt
Weinempfehlung: Ein trockener Rheingauer Riesling

Rouladen von Wolfsbarsch nach Le Divellec

Seitdem Jacques Le Divellec sein Restaurant von La Rochelle nach Paris verlegt hat und es dort unter seinem eigenen Namen führt, geht »tout Paris« zu ihm, wenn man wirklich gut Fisch essen will.
Hier ist ein Rezept von ihm.

Zubereitungszeit: 30 Minuten

1 kg Wolfsbarsch

1 Seezunge (ca. 250 g)
2 EL Sahne
1 Ei
Meersalz
Pfeffer
1 Prise Cayennepfeffer
Muskat
Butter zum Braten
1 Gläschen Cognac
250 g frisches ausgelöstes Garnelenfleisch
1 kleine Trüffel (aus der Dose)
4 EL Hummersauce (aus der Dose)

Beim Einkauf die Filets von Wolfsbarsch und Seezunge auslösen lassen. Von den Barschfilets mit einem scharfen Messer dünne, längliche Streifen abschneiden. Die Seezungenfilets in Streifen schneiden.
Die Seezungenstreifen mit der Sahne und dem Ei im Mixer zu einer Creme pürieren. Mit den Gewürzen abschmecken.
Die Wolfsbarschscheiben mit der Farce bestreichen und nicht zu fest aufrollen, weil die Füllung beim Garen aufquillt.
Die Butter in einem flachen Schmortopf erhitzen und die Fischrouladen darin von beiden Seiten anbraten. Mit dem Cognac übergießen, anzünden und den Topf zudecken. Bei schwacher Hitze 10 Minuten schmoren lassen.
Die Rouladen herausnehmen und warmstellen.
Die Garnelen und die in Streifen geschnittene Trüffel mit der Hummersauce in den Schmortopf geben, einmal aufkochen lassen und über die Fischröllchen gießen.
Beilage: Pfifferlinge, schwarze Nudeln
Weinempfehlung: Ein Muscadet von der Loire

Schellfischscheiben in Joghurtsauce – indische Art

Die Fischscheiben in breite Streifen schneiden, die Zwiebeln in dünne Streifen.
Eine längliche feuerfeste Form mit den Zwiebelringen auslegen und die Fischstreifen darübergeben.
Den Joghurt mit dem Mehl in einer Schüssel verrühren, Zitronensaft und Gewürze hinzufügen und alles miteinander vermischen. Das Öl darunterrühren.
Die Joghurtsauce über den Fisch gießen, so daß alle Fischstreifen damit bedeckt sind. Im vorgeheizten Backofen bei mittlerer Hitze 20 Minuten garbacken.
Die Fischstreifen vorsichtig herausheben, auf einer Platte anrichten und mit Alufolie bedeckt warmstellen.
Die Flüssigkeit aus der Form in eine Kasserolle gießen und zum Kochen bringen. Unter Schlagen mit einem Schneebesen auf etwa ⅔ der Menge einkochen. Von der Kochstelle nehmen und die Butter in Flöckchen mit einer Gabel unter die Sauce rühren.
Über den Fisch geben und sofort servieren.
Beilage: Zitronenreis
Getränke-Empfehlung: Bier oder Fruchtsaft

Zubereitungszeit: 45 Minuten

800 g dicke Scheiben Schellfischfilets, ebenso geeignet sind dicke Kabeljau- oder Heilbuttfilets sowie Scheiben von Meeraal

150 g Zwiebeln
2 Becher Joghurt, 1 TL Mehl
2 EL Zitronensaft
½ TL Zucker
1 TL Meersalz
grobgemahlener schwarzer Pfeffer
2 TL gemahlener Kreuzkümmel
1 EL gemahlene Korianderkörner
1 TL Kurkuma
1 Teelöffelspitze Garammasala
Cayennepfeffer
1 TL frisch feingehackte Ingwerwurzel
3 EL Pflanzenöl und 2 EL Butter

Ungarischer Paprikakarpfen

Von dem gesäuberten geschuppten Karpfen gleich beim Einkauf die 4 Filets auslösen lassen. Kiemen entfernen. Die Gräten und den Kopf des Fisches mit dem Wasser und dem Wein bedeckt unter Hingabe von Salz 20 Minuten kochen lassen. Die Fischbrühe durch ein Sieb geben.
Die Paprikaschoten im heißen Backofen erhitzen, bis die Haut platzt und sich abziehen läßt. Stielansatz und Kerne entfernen und das Fruchtfleisch in Streifen schneiden. Die Tomaten brühen, abziehen und in Scheiben schneiden, dabei das harte gelbe Mark zurücklassen. Die abgezogenen Zwiebeln ebenfalls in Scheiben schneiden. Die Karpfenfilets in fingerdicke Streifen schneiden und leicht mit Salz bestreuen.
In einer schweren Eisenpfanne oder einem flachen Schmortopf das Schmalz erhitzen. Die Zwiebelscheiben darin unter Rühren hellgelb braten, den Paprika darüberstreuen und sofort die Karpfenstreifen hinzufügen. Unter Wenden 5 Minuten anbraten. Herausnehmen und warmstellen.
Die Paprikastreifen und die Tomatenscheiben in den Topf geben. Leicht salzen und mit einer Tasse Fischbrühe aufgießen. Bei leichter Hitze im offenen Topf etwa 20 Minuten schmoren lassen.
Mit Mehl verrührte Sahne oder Crème fraîche zufügen und kurz durchkochen lassen. Karpfenstreifen in der Sauce erhitzen, aber nicht mehr kochen.
Beilage: Mehlnockerln
Weinempfehlung: Einen trockenen ungarischen Tokayer

Zutaten für 6 Personen
Zubereitungszeit: 1 Stunde

1 Karpfen (ca. 2 kg)

¼ l Wasser
1 Glas Weißwein
Salz
1 rote und 1 grüne Paprikaschote
2 Tomaten
2 Zwiebeln
80 g Schweineschmalz
1½ TL Rosenpaprika
¼ l saure Sahne mit
1 TL Mehl vermischt oder
200 g Crème fraîche

GEMÜSE-BEILAGEN

Algengemüse

Gekocht sehen Gemüse-Algen wie kleine grüne Bohnen aus, sie haben jedoch einen zarten Jodgeschmack, der besonders gut zu Fischgerichten paßt.

Zubereitungszeit: 10 Minuten

200 g grüne eßbare Algen
Salz
1 EL Butter

Die Algen säubern, gründlich waschen und kurz in leicht gesalzenem Wasser 1 Minute blanchieren. Mit einem Schaumlöffel herausnehmen und in Eiswasser geben, damit die Algen ihre schöne Farbe behalten. Auf einem Sieb abtropfen lassen.
Die Butter in einer Pfanne erhitzen und die Algen darin bei leichter Hitze durchschwenken, bis sie heiß sind.

Das knackige Algengemüse ist eine dekorative Beilage zu jedem Fischgericht.

Gepfeffertes Apfelgemüse

Zubereitungszeit: 25 Minuten

400 g saftige Äpfel (z. B. Cox Orange)
1 EL Butter
Salz
1 TL grobgestoßener Pfeffer
1 Stückchen Zimtstange

Die Äpfel waschen und mit einem Tuch abtrocknen, Äpfel mit harter Schale schälen. In Achtel schneiden und das Kerngehäuse entfernen.
Die Butter in einer Pfanne mit schwerem Boden zerlassen und die Apfelviertel hineingeben. Leicht salzen, mit Pfeffer bestreuen und die Zimtstange hinzufügen. Bei leichter Hitze unter gelegentlichem Wenden zugedeckt weichschmoren. Die Äpfel sollen weich sein, aber nicht zerfallen.

Beliebt als Beilage zu gegrilltem Fisch.

Bananen-Zwiebel-Gemüse

Zubereitungszeit: 20 Minuten

4 große Zwiebeln
2 EL Butter
4 feste Bananen
1 TL Curry
Salz
Pfeffer

Die Zwiebeln in Scheiben schneiden.
Die Butter in einer Pfanne erhitzen und die Zwiebelscheiben darin glasig braten.
Die Bananen schälen, ebenfalls in Scheiben schneiden und zu den Zwiebeln geben. Mit dem Curry bestreuen. Weitere 5 Minuten braten, bis die Bananen zu bräunen beginnen. Mit Salz und grobgeschrotetem Pfeffer abschmecken.

Besonders gut zu gebratenen Plattfischen, wie Scholle, Seezunge oder Glattbutt.

Blumenkohlgemüse mit Curry

Den Blumenkohl in kleine Röschen zerteilen, gründlich waschen und abtropfen lassen. Die Zwiebeln in kleine Würfel schneiden. Die Knoblauchzehen ganz fein hacken, dabei den grünen Keim entfernen. Die geschälte Ingwerwurzel in feine Würfel schneiden.
Das Öl in einem Schmortopf erhitzen und die Senfkörner kurz darin anbraten. Die Zwiebel- und die Ingwerwürfel hinzufügen und unter Rühren mit einem Holzlöffel glasig braten. Dann den Knoblauch, die gehackte Pfefferschote, die Gewürze und den Blumenkohl in den Topf geben. Salzen. Im geschlossenen Topf unter gelegentlichem Umrühren in 12–15 Minuten garschmoren, die Blumenkohlröschen sollen *al dente* bleiben.
Das fertige Gemüse mit Zitronensaft beträufeln und mit Koriander bestreuen.

Als Beilage zu geschmorten und gekochten kleinen Krustentieren (die auch unter das Gemüse gemischt werden können) und zu gedämpftem Fisch zu empfehlen.

Zubereitungszeit: 30 Minuten

1 großer oder 2 kleine Köpfe Blumenkohl
2 Zwiebeln
4 Knoblauchzehen
1 Stückchen Ingwerwurzel
6 EL Pflanzenöl
einige Senfkörner
1 kleine scharfe grüne Pfefferschote
je 1 Eßlöffelspitze gemahlener Kümmel und Kurkumapulver
1 EL Currypuder
Salz
1 Zitrone
2 EL frischer Koriander, ersatzweise Petersilie

Broccoli

Von den Broccoli die harten Blätter entfernen und das Gemüse in einzelne Röschen zerteilen. Den harten Strunk zurücklassen. Gründlich waschen und gut abtropfen lassen. In wenig Salzwasser in 12 Minuten garkochen, die Röschen sollen *al dente* bleiben.
Mit trocken in der Pfanne gerösteten Sesamsamen oder im Backofen gerösteten Haselnußblättchen bestreuen und mit flüssiger Butter anrichten.

Das herzhafte Gemüse paßt besonders gut zu gedämpften und gedünsteten Fischgerichten.

Zubereitungszeit: 20 Minuten

1 kg Broccoli
Salz
2 EL Sesamsamen oder in Scheiben geschnittene Haselnüsse
50 g Butter

Feines Chicoreegemüse

Die welken Blätter der Chicorée entfernen. Die einzelnen Blätter ablösen, waschen und in feine Streifen schneiden. Mit Zitronensaft beträufeln und mit dem Zucker vermischen.
Die Butter in einem Schmortopf zerlassen und die Chicoréestreifen hinzufügen. Unter gelegentlichem Umrühren im geschlossenen Topf bei leichter Hitze schmoren lassen. Die Sahne hinzufügen und mit Salz und frischgemahlenem Pfeffer abschmecken. Kurz durchkochen lassen.
Zum Schluß die gehackten Walnüsse unter das Chicoréegemüse mischen.

Besonders gut passend zu Jakobsmuscheln, kurz gebratenen Edelfischen und zu kleinen Krustentieren.

Zubereitungszeit: 30 Minuten

8 Chicorée
1 Zitrone
2 EL Zucker
2 EL Butter
8 EL Sahne
Salz
Pfeffer
2 EL gehackte Walnußkerne

Junge Erbsen mit Morcheln

Zubereitungszeit: 1 Stunde

20 g getrocknete kleine Morcheln
100 g Butter
2 Schalotten
500 g ausgelöste junge Erbsen oder tiefgekühlte junge Erbsen extrafein
Salz
1 Stückchen Zucker
6 Stengel Kerbel

Die getrockneten Morcheln einzeln unter fließendem Wasser waschen, da sich in den Vertiefungen der Hütchen oft Sand befindet. Mit lauwarmem Wasser bedeckt 1 Stunde einweichen.
Die Hälfte der Butter zerlassen, die in Würfel geschnittenen Schalotten darin glasig braten und die Morcheln hinzufügen. Unter gelegentlichem Umrühren mit einem Holzlöffel 10 Minuten schmoren lassen.
Die Erbsen zu den Morcheln geben, mit Salz und Zucker würzen. 6 Eßlöffel Wasser über das Gemüse gießen und im verschlossenen Topf bei leichter Hitze – je nach Zartheit der Erbsen – in 25–30 Minuten garkochen. Wenn nötig, während des Kochens noch etwas kochendes Wasser nachgießen.
Die restliche Butter in kleinen Flöckchen unter das Gemüse mischen und zum Schluß mit kleinen abgezupften Kerbelblättern bestreuen.

Eine zarte Beilage, die zu so gut wie allen Fischgerichten paßt.

Erbsenschoten

Zubereitungszeit: 15 Minuten

500 g Erbsenschoten (Mangetout)
2 EL Butter
1 Tasse Wasser
Salz
1 Prise Zucker
2 EL feingehackte Petersilie

Die Erbsenschoten – wenn nötig – entfädeln, d. h. Spitze und Ende abschneiden und dabei den Faden mitziehen. Das Gemüse waschen.
Die Butter zerlassen und die Erbsenschoten tropfnaß hinzufügen. Wasser, Salz und Zucker hinzugeben und zugedeckt in etwa 3 Minuten garkochen. Mit der gehackten Petersilie bestreuen.
Soll ein Gericht besonders dekorativ mit den Erbsenschoten angerichtet werden, kann man die Schoten vor dem Kochen mit einer Schere in Rhomben oder Vierecke schneiden.

Das Gemüse schmeckt zu Fisch in jeder Form und auch zu Krustentieren.

Fenchelpüree

Zubereitungszeit: 35 Minuten

3 Knollen Fenchel
1 EL Olivenöl
Salz
⅛ l Sahne
Pfeffer oder Koriander

Die Fenchelknollen von harten Außenblättern befreien, dann halbieren und in Streifen schneiden.
Eine dicke Alufolie zusammenfalten und mit dem Öl ausstreichen. Fenchel in die Mitte der Folie geben und mit Salz bestreuen. Die Folie über den Fenchelstreifen verschließen und die Ränder fest zusammendrücken. Im vorgeheizten Backofen 25 Minuten garen lassen.
Die Folie aufreißen und das Gemüse in eine Küchenmaschine oder einen Mixer geben. Die Sahne hinzufügen und frischgemahlenen Pfeffer oder Koriander. Zu einem Püree verarbeiten. Noch einmal kurz aufkochen lassen.

Besonders geeignet als Beilage zu gekochtem oder gegrilltem Wolfsbarsch, Rotbarsch oder Hummer.

Gurkengemüse mit Minze

Die Gurken schälen, der Länge nach halbieren und die Samen mit einem Löffel herausschaben. Die Gurkenhälften in schmale Streifen schneiden. Speck und Zwiebel in kleine Würfel schneiden und in einem Schmortopf in dem Öl glasig braten. Die Gurkenstreifen hinzufügen und unter gelegentlichem Umrühren bei leichter Hitze 10 Minuten schmoren lassen.
Die Tomaten brühen, abziehen und das Fruchtfleisch in kleine Würfel schneiden, dabei das harte gelbe Mark entfernen. Mit der Sahne zu den Gurken geben und bei starker Hitze unter gelegentlichem Umrühren etwas einkochen lassen. Von der Kochstelle nehmen, abschmecken und mit den streifig geschnittenen Minzeblättern vermischen.

Das Gurkengemüse schmeckt besonders gut zu Krustentieren und gebratenen Fischen.

Zubereitungszeit: 30 Minuten

2 Salatgurken
50 g durchwachsener Speck
1 kleine Zwiebel
2 EL Öl
1 reife Tomate
⅛ l Sahne
Salz
grobgemahlener Pfeffer
10 frische Minzeblätter

Kartoffelplätzchen mit Kresse

Die Kartoffeln schälen, waschen und mit einem Küchentuch gut abtrocknen. Auf der groben Seite der Rohkostreibe raffeln. Mit dem Eigelb vermischen und abschmecken.
Öl in einer Pfanne erhitzen. Mit einem Löffel kleine Teighäufchen in das Fett setzen und mit dem Löffelrücken flachdrücken (Durchmesser 8–10 cm).
Die Kresse mit einer Schere abschneiden, die Kartoffelplätzchen damit belegen und mit einer zweiten Schicht Kartoffelteig bedecken. Sobald die untere Seite goldbraun ist, die Püfferchen wenden und auch die zweite Seite knusprig goldbraun braten. Sofort auftragen.

Eine knusprige Beilage zu so gut wie allen Fischgerichten.

Zubereitungszeit: 25 Minuten

500 g Kartoffeln
1 Eigelb
Salz
Pfeffer
Öl zum Braten
2 Kästchen Kresse

Kartoffelsalat mit Avocados

Die gewaschenen Kartoffeln garkochen, abgießen und unter Schütteln gut abtrocken. Abkühlen lassen, schälen und in Würfel schneiden.
Die Avocado der Länge nach halbieren, die Haut abziehen und den Kern entfernen. Jede Avocadohälfte würfeln und mit Zitronensaft beträufeln.
Kartoffel- und Avocadowürfel miteinander vermischen. Aceto Balsamico, Wasser, Salz und Pfeffer gründlich verrühren, bis das Salz aufgelöst ist. Über die Salatzutaten gießen und 1 Stunde durchziehen lassen.
Mayonnaise und Joghurt miteinander verrühren und unter den Kartoffel-Avocado-Salat mischen. Mit feingeschnittenem Schnittlauch und den Sonnenblumenkernen bestreuen.

Der Salat paßt besonders gut zu gebratenem Fisch.

Zubereitungszeit: 30 Minuten
1 Stunde ziehen lassen

500 g festkochende Kartoffeln
1 reife Avocado
Saft ½ Zitrone
2 EL Aceto Balsamico
⅛ l Wasser, Salz, Pfeffer
3 EL Mayonnaise
2 EL Joghurt
1 Bund Schnittlauch
2 EL geröstete Sonnenblumenkerne

Kartoffelsalat mit Trüffel

Zubereitungszeit: 30 Minuten
1 Stunde ziehen lassen

750 g festkochende kleine Kartoffeln
2 EL guten Weinessig
Salz
2 EL Olivenöl
2 EL Erdnußöl
1 kleine Dose Trüffel (20 g)
3 Anchovisfilets

Die gewaschenen Kartoffeln garkochen, abgießen und unter Schütteln gut abtrocknen lassen. Sofort schälen und vorsichtig in Scheiben schneiden.
Den Weinessig mit dem Salz verrühren, bis das Salz aufgelöst ist. Das Öl unter Rühren nach und nach hinzufügen und den Trüffelsaft.
Die Trüffelstückchen und die Anchovisfilets in Würfel schneiden.
Ölmarinade und Trüffelwürfel mit den noch warmen Kartoffelscheiben vermischen. 1 Stunde durchziehen lassen.

Noble Beilage zu gebratenen Edelfischen.

Kartoffelscheiben gratiniert

Zubereitungszeit: 15 Minuten

8 mittelgroße Kartoffeln
20 schwarze Pfefferkörner
Salz
2 EL Butter

Den Backofen auf 220° vorheizen.
Die Kartoffeln schälen und in hauchdünne Scheiben schneiden. Die Pfefferkörner im Mörser zerdrücken, sie sollen grob geschrotet sein.
Die Kartoffelscheiben mit Salz und Pfeffer vermischen.
Vier kleine Auflaufförmchen oder feuerfeste Tellerchen mit Butter ausstreichen und die Kartoffelscheiben dachziegelartig hineingeben oder darauflegen. Mit Butterflöckchen besetzen.
In den Backofen geben und in 6–8 Minuten gratinieren, bis die Kartoffelscheiben einen braunen Rand haben.

Eine schnell zubereitete Beilage zu fast allen Fischgerichten.

Safrankartoffeln

Zubereitungszeit: 40 Minuten

600 g festkochende Kartoffeln
1 Zwiebel
2 EL Olivenöl
2 Knoblauchzehen
1 kleine rote Pfefferschote
¼ l Fleisch- oder Fischbrühe
20 Fäden Safran
6 Stengel Kerbel
1 EL Butter

Die Kartoffeln schälen und in 2 cm dicke Würfel schneiden, die Zwiebel in kleine Würfel.
In einer Kasserolle oder in einem Schmortopf das Olivenöl erhitzen und die Zwiebelwürfel, die Knoblauchzehen und die Pfefferschote darin glasig braten. Knoblauchzehen und Pfefferschote herausnehmen.
Die Kartoffelwürfel in das gewürzte Öl geben und unter Wenden mit der Bratschaufel hellgelb braten. Mit der Fleisch- oder Fischbrühe aufgießen, den Safran hinzufügen und bei leichter Hitze zugedeckt in 20–25 Minuten garen.
Die Kerbelblätter abzupfen und mit der in Flöckchen zerteilten Butter unter die Safrankartoffeln mischen. Wenn nötig, noch mit etwas Salz würzen.

Schmecken besonders gut als Beilage zu gedämpftem Meeresfisch.

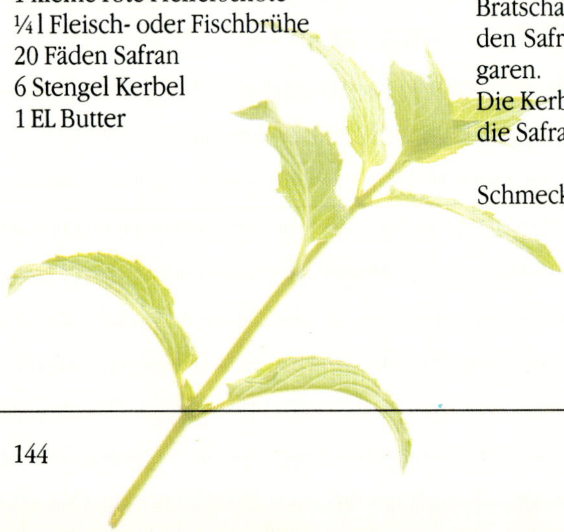

KRESSEPÜREE

Man kann das Püree auch mit der Gartenkresse aus Kästchen zubereiten, es ist dann weniger aromatisch

Die Kartoffeln schälen, in Würfel schneiden und in Salzwasser garkochen.
Die Kresse sorgfältig waschen und welke Blätter entfernen. Die übrigen Blätter abzupfen und den oberen zarten Teil der Stengel abknicken. 10 Minuten in kochendem Salzwasser blanchieren.
Mit etwas Kochwasser im Mixer pürieren.
Die Kartoffeln abgießen, gut abdämpfen lassen und durch eine Kartoffelpresse in einen Kochtopf drücken. Die heiße Sahne hinzufügen sowie das Kressepüree und gut verrühren.
Mit einem Schneebesen unter Schlagen die Butter in Flöckchen unter das Püree geben. Sofort servieren.

Eine würzige Beilage zu gebratenem und gedämpftem Fisch.

Zubereitungszeit: 40 Minuten

6 mittelgroße mehlige Kartoffeln
Salz
1 Strauß Brunnenkresse
3 EL Sahne
60 g Butter

MÖHREN MIT SHERRYRAHM

Die Möhren gründlich waschen, putzen und in Scheiben schneiden.
Die Butter in einem Schmortopf zerlassen und die Möhrenscheiben 5 Minuten unter Schütteln des Topfes anschmoren. Den Sherry hinzufügen, salzen und mit Ingwer würzen. Die Möhren im zugedeckten Topf bei leichter Hitze in 15 Minuten garschmoren lassen. Dabei hin und wieder den Topf leicht schütteln, damit die Möhren nicht ansetzen.
Zum Schluß die Crème fraîche zu den Möhren geben und kurz durchkochen.

Delikate Beilage zu gebackenem und gedämpftem Fisch.

Zubereitungszeit: 25 Minuten

750 g junge Möhren
1 EL Butter
½ Glas halbtrockener Sherry
Salz
1 Löffelspitze gemahlener Ingwer
3 EL Crème fraîche

PIKANTES PAPRIKASCHOTENGEMÜSE

Die Paprikaschoten im heißen Backofen erhitzen, bis die Haut platzt und sich abziehen läßt. Stielende und Samenkörner entfernen und die Paprikaschoten der Länge nach in Streifen schneiden.
Das Öl in einem Topf erhitzen und die Paprikastreifen bei geschlossenem Topf in 15 Minuten weichdünsten. Gelegentlich umrühren.
Die Kapern und die in Scheiben geschnittenen Oliven hinzufügen und in dem Paprikagemüse kurz erwärmen.

Als Beilage besonders gut harmonierend mit Schwertfisch, Thunfisch, Dorade oder Sardinen.

Zubereitungszeit: 30 Minuten

6 gelbe Paprikaschoten
4 EL Olivenöl
2 EL Kapern
20 schwarze Oliven
Salz

Rhabarbergemüse

Zubereitungszeit: 15 Minuten

300 g Rhabarber
1 EL Butter
1 TL Zucker
4 EL Sahne
Salz
½ TL grobgeschroteter schwarzer Pfeffer

Die Rhabarberstangen waschen und in 4 cm lange Stücke schneiden.
Die Butter in einer Pfanne zerlassen und die Rhabarberstücke hineingeben. Durchschwenken, mit dem Zucker bestreuen und – wenn der Rhabarbar anzusetzen droht – 4 Eßlöffel Wasser hinzugeben.
Nach 5 Minuten die Sahne hinzufügen, etwas einkochen lassen und mit Salz und Pfeffer abschmecken.

Erfrischende Beilage zu kurz gebratenem Edelfisch wie Lachs oder Zander.

Gefüllter Salat

Zubereitungszeit: 40 Minuten

2 Köpfe Salat
50 g geräucherter Speck
100 g Champignons
3 EL Butter
100 g Reis
⅜ l Fleischbrühe
20 Fäden Safran
1 Ei
Salz
Pfeffer

Die Salatblätter ablösen, waschen und abtropfen lassen, die Salatherzen für einen Salat aufheben. Die Blätter ganz kurz in kochendem Salzwasser blanchieren. Kalt abspülen und abtropfen lassen.
Speck und Champignons in feine Würfel schneiden und kurz in 1 Eßlöffel Butter anbraten. Den Reis hinzufügen und unter Rühren rösten, bis er glasig ist. Nach und nach mit ¼ l kochender Fleischbrühe aufgießen. Nach 10 Minuten Kochzeit den Safran hinzufügen. Den Reis unter Umrühren im offenen Topf kochen lassen, bis er *al dente* ist, also weich mit einem festen Kern. Von der Kochstelle nehmen, mit dem verschlagenen Ei vermischen und mit Salz und Pfeffer abschmecken.
Die Salatblätter auf einer großen Platte oder der Arbeitsfläche auslegen und die Reisfüllung darauf verteilen. Die einzelnen Blätter zu kleinen Rouladen aufrollen und in eine gut gebutterte feuerfeste Form geben. Mit der restlichen Fleischbrühe übergießen und mit Butterflöckchen besetzen.
Im vorgeheizten Backofen in 10 Minuten überbacken, dabei einmal wenden.

Zu Fisch aus dem Backofen oder zu gegrilltem Fisch eine gute Ergänzung.

Selleriepüree mit Ingwer

Zubereitungszeit: 1 Stunde

1 große Knolle Sellerie (600 g)
Salz
1 Stückchen frische Ingwerwurzel oder ½ TL Ingwerpulver
⅛ l Sahne

Die Sellerieknolle abschrubben, schälen und in Würfel schneiden. Knapp mit Wasser bedecken, salzen und in 30–40 Minuten kernig-weich kochen.
Auf einem Sieb abtropfen lassen.
Die Ingwerwurzel schälen, in Stückchen schneiden und im Mixer oder in der Küchenmaschine fein pürieren. Die Selleriewürfel und die heiße Sahne hinzufügen und zu einem Püree verarbeiten.
Noch einmal in den Kochtopf geben und unter Rühren erhitzen.

Der herzhafte Geschmack des Sellerie ist eine gute Ergänzung zu gedämpftem und gebratenem Fisch.

JUNGER WIRSINGKOHL MIT SAHNE

Angewelkte Außenblätter vom Kohl entfernen. Die Kohlköpfe vierteln, waschen und in kochendem Salzwasser blanchieren. Auf einen Durchschlag geben.
Den Schinkenspeck in kleine Würfel schneiden.
Die Butter in einem Schmortopf zerlassen und die Schinkenwürfel glasig braten. Die gut abgetropften Kohlviertel hineingeben und etwas schmoren lassen. Mit der Crème fraîche übergießen und zugedeckt in 15 Minuten garschmoren. Zum Schluß mit Salz, grobgemahlenem Pfeffer und Muskat abschmecken.

Als Beilage zu gebratenem Aal, Scheiben von Lotte, Meeraal oder Kabeljau besonders wohlschmeckend.

Zubereitungszeit: 30 Minuten

2 kleine Köpfe junger Wirsing
Salz
50 g Schinkenspeck
20 g Butter
150 g Crème fraîche
1 TL grobgemahlener Pfeffer
frischgeriebener Muskat

ZITRONENREIS – INDISCHE ART

Den Reis in 2 l gesalzenem Wasser in 12–15 Minuten körnigweich kochen. Auf ein Sieb schütten, kurz mit kaltem Wasser abbrausen und gut abtropfen lassen. Die Reiskörner sollen trocken sein.
Das Öl in einem emaillierten Kochtopf erhitzen, die Senfkörner, Kurkuma und die Nüsse kurz darin anrösten. Den Reis hinzufügen und unter Rühren anrösten, bis der Reis eine gleichmäßig gelbe Farbe hat.
Von der Kochstelle nehmen und mit dem Zitronensaft vermischen. Mit 2 Gabeln auflockern und pyramidenförmig auf eine Platte häufen. Mit den Korianderblättern bestreuen.

Schmeckt besonders gut zu gebratenem oder gebackenem Fisch.

Zubereitungszeit: 20 Minuten

200 g Langkornreis
10 g Salz
3 EL Öl
1 TL schwarze Senfkörner
1 TL Kurkuma
3 EL ungesalzene Cashewnüsse
2 EL ungesalzene Erdnüsse
Saft von 1 grünen Limette
1 EL frische gehackte Koriander-blätter

ZWIEBELGEMÜSE

Die Zwiebeln schälen, waschen und abtropfen lassen. Das grüne Ende der Zwiebel so abschneiden, daß nur etwa 2 cm des grünen Teiles an der Zwiebel bleiben.
Die Butter in einer Kasserolle erhitzen und die Zwiebeln darin braten, bis sie zu bräunen beginnen. Den Zucker hinzufügen und karamelisieren lassen. Den Wein darübergießen, salzen und pfeffern.
Die Zwiebeln sind gar, wenn der Wein ganz verkocht ist.

Beilage zu gedämpftem Fisch.

Zubereitungszeit:

2 Bund dicke Frühlingszwiebeln oder kleine weiße Zwiebeln
1 EL Butter
1 TL Zucker
½ Flasche leichter Rotwein
Salz
Pfeffer

LEXIKON

FISCHE
SCHALENTIERE
KRUSTENTIERE
MOLLUSKEN

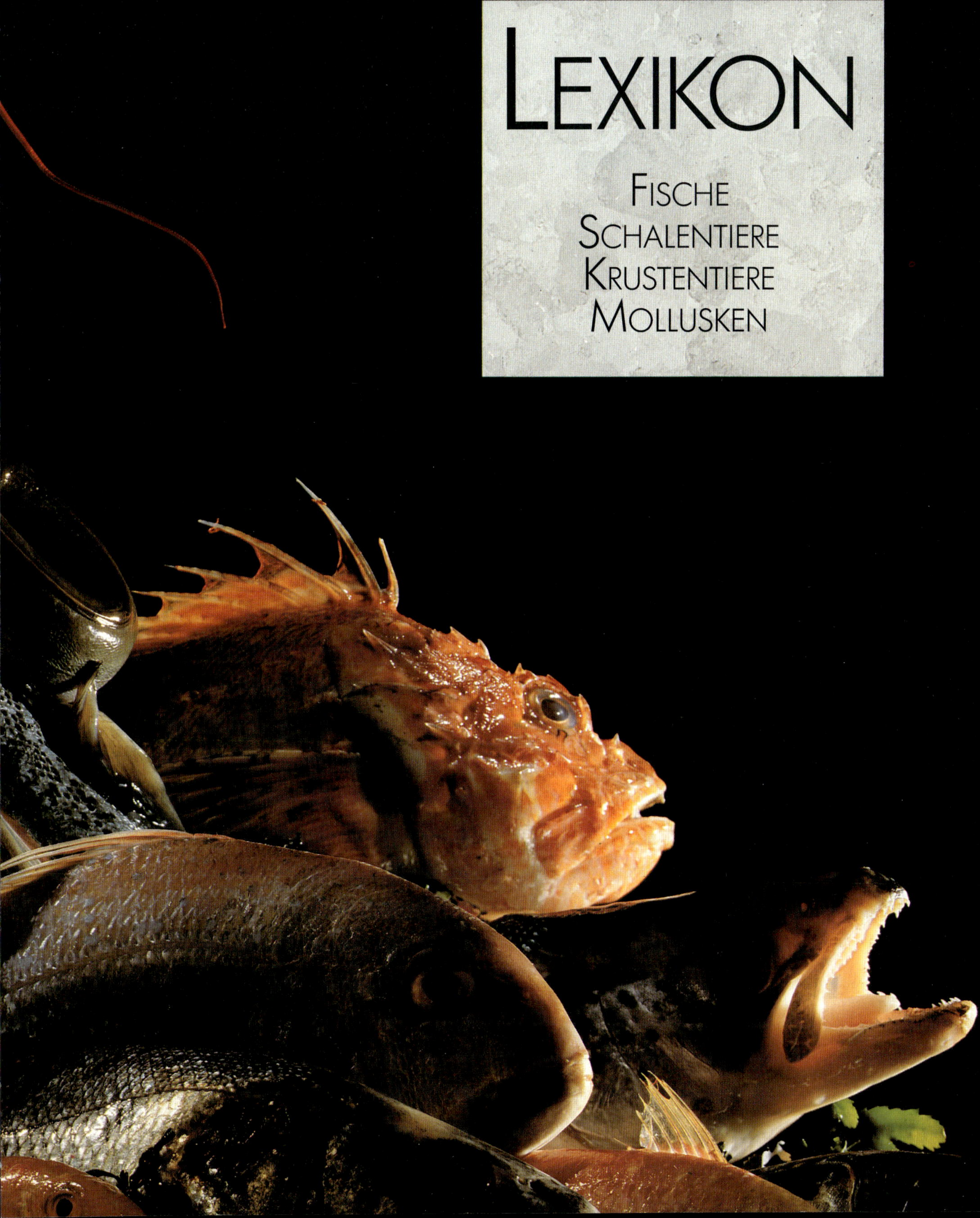

WAS MAN BEIM EINKAUF WISSEN MUSS

Die Güte der Fische hängt vor allem von ihrer Frische ab. Denken Sie daran: Der Fisch beginnt zu sterben, wenn er aus dem Wasser kommt. Der Verbraucher muß deshalb trachten, den Segen des Meeres so schnell wie möglich nach der Anlandung in die Pfanne zu bekommen.
Frische Fische und Meeresfrüchte erkennt man an folgenden Merkmalen:
1. Der Fisch soll ein feuchtes, silbrigglänzendes Schuppenkleid haben. Hält man den ganzen Fisch in der Hand (am Kopf), dann soll der Körper straff und gespannt sein und sich nicht durchbiegen.
2. Die Augen müssen rund sein, glänzen und leicht hervorquellen. Je eingesunkener die Augen, desto älter der Fisch.
3. Leuchtendrote und feuchte Kiemen zeugen von Frische.
4. Fischscheiben sind frisch, wenn das Fleisch noch fest an den Gräten hängt. Filets müssen eine klare glänzende Farbe haben. Das Fleisch muß bei Daumendruck elastisch sein und zurückschnellen.
5. Ein untrügliches Zeichen für die Frische ist der Geruch. Frische Fische haben keinen Eigengeruch, nur einen leichten Duft nach Meer und Jod. Alter Fisch dagegen hat einen ausgesprochen unangenehmen Geruch – manchmal stark nach Ammoniak. Die Tatsache, daß zu alter Fisch tatsächlich stinkt, hat schon manchen vor einer Fischvergiftung bewahrt.
6. Die Haltbarkeit aller Fische ist größer, wenn sie sofort nach dem Fang ausgenommen werden. Der eingekaufte Fisch hält sich am besten zwischen Eiswürfeln. Man hüllt ihn vorher in Plastikfolie, damit er nicht direkt mit dem Eis in Verbindung kommt.
7. Die Fische erst unmittelbar vor der Zubereitung waschen und filetieren.
8. Beim Einkauf von Schalentieren darauf achten, daß möglichst alle Muscheln geschlossen sind. Man kann durch Beklopfen der Muschelschale manchmal erreichen, daß sich eine noch lebende Muschel dann verschließt.

Krustentiere

1. *Krevetten, Krabben* werden meistens schon an Bord der Fangkutter gekocht und kommen so in den Handel. Die Schalen müssen fest sein, die Krabben angenehm riechen.
2. *Langustinen (Scampi)* werden ebenfalls meistens bereits gekocht verkauft oder tiefgekühlt. Frische Langustinen müssen einen festen Panzer haben.
3. *Langusten und Hummer* werden für die Zubereitung möglichst lebend gekauft oder bereits gekocht. Lebende Krustentiere vor dem Kochen einige Stunden in den Kühlschrank geben, dann sind sie leicht betäubt, wenn sie in den Kochtopf kommen.

FISCHE

Aal

F: *anguille*
I: *anguilla*
Sp: *anguila*
GB: *eel*

Fanggebiete: Flüsse, Seen und alle Meere (Mittelmeer bis Antarktis), auch in Teichwirtschaften.

Saison: Ganzjährig, im Winter besonders wohlschmeckend.

Aussehen: Schlangenförmiger fetter Fisch mit schleimiger Haut in verschiedenen Farben (braun, grün, gelb). Bis zu 1,50 m lang. Durchreist in seinem Leben alle Weltmeere, viele Flüsse und Seen.

Verwendung: Aale sollten möglichst erst beim Einkauf geschlachtet werden.

Junge Aale schmecken gut in der Haut gegrillt. Größere Aale läßt man am besten gleich beim Einkauf ausnehmen und in Portionsstücke schneiden. Fetten Aalen kann man die Haut abziehen und das Fett zwischen Haut und Fleisch entfernen.

Aale werden zu Pasteten und Mousse verarbeitet, gegrillt und gebraten. Sie sind als Suppeneinlage und Ragouts beliebt. Auch sauer – mariniert und in Aspik – hat Aal viele Liebhaber. Aber das Beste sind für meinen Geschmack knapp mittelgroße, frisch geräucherte Ostseeaale.

Barsch – Kretzer – Egli

F: *perche*
I: *pesce persico*
Sp: *perca*
GB: *perch*

Fanggebiete: Seen und Flüsse in Mitteleuropa.

Saison: Hat unterschiedliche Schonzeiten in den verschiedenen Ländern – Angler schätzen die Herbstzeit am meisten zum Fang der begehrten Süßwasserfische.

Aussehen: Kleine Edelfische mit zwei getrennten Rückenflossen mit Stachelstrahlen, bis zu neun dunkle Querstreifen. 15 bis 35 cm lang.

Verwendung: Das feine weiße Fleisch schmeckt besonders gut als Filet – schnell in Butter gebraten oder kurz in Wein und Sahne im Ofen gegart.

Dorade (Goldbrasse, Meerbrasse)

F: *daurade royale*
dorade rose
dorade grise
I: *orata*
Sp: *dorada*
GB: *gilt-head bream*

Fanggebiete: Atlantik, Mittelmeer. Große Fänge kommen aus Marokko.

Saison: Ganzjährig. Am besten im Winter.

Aussehen: *Daurade royale* – schöner, ovaler, silbrig-blauer Edelfisch mit goldfarbenem Band zwischen den Augen. Große Augen. 20 bis 50 cm lang. 300 g bis 4 kg schwer.

Dorade rose – schönfarbener, ovaler Fisch mit silbrig-rosa Haut. 15 bis 50 cm lang. Fleisch jedoch trockener als das der unscheinbaren Streifenbrasse. 300 g bis 3 kg schwer.

Dorade grise (Streifenbrasse) – abgeflachter Fisch mit hochgezogenem Rücken. In verschiedenen Grautönen. Leicht glänzend. 15 bis 30 cm lang. 300 g bis 2 kg schwer.

Je frischer die Doraden, desto leuchtender ihre Farben.

Verwendung: Das feinstse Fleisch hat die Goldbrasse. Sie schmeckt vorzüglich *cru* = roh mariniert, gegrillt (ungeschuppt), in Salzkruste gehüllt und im Ofen gebacken – aber auch als Filets. Sehr teuer. Preiswerter und ebenfalls wohlschmeckend die kleineren rosa Doraden und die silbrigen Streifenbrassen. Alle Doraden haben viele starke Schuppen.

Felchen – siehe Renken

Forelle

F: *truite*
I: *trota*
Sp: *trucha*
GB: *trout*

Fanggebiete: Bäche, Flüsse und Seen in Mitteleuropa. Der größte Teil der angebotenen Forellen kommt heute aus Teichwirtschaften.

Saison: Ganzjährig aus Teichwirtschaft, im Winter am besten. Seeforelle nur von Mitte Januar bis Mitte September.

Aussehen: *Regenbogenforelle* – breites rötliches Band an beiden Körperseiten, dunkle Tupfen. Meistens als Portionsforelle von 250 bis 300 g aus Teichwirtschaften angeboten.

Seeforelle – silbriger, kräftiger Edelfisch mit kleinen schwarzen Flecken, bis zu 1,40 m lang. Freilebend in großer Tiefe von Seen. Die beste aller Forellen.

Lachsforelle – mit rosafarbenem Fleisch – durch Fütterung gefärbte Zuchtforellen können bis zu 7 kg erreichen, ebenfalls gezüchtete Forellen, die im Meer ausgesetzt werden und deren Fleisch sich dort rosa färbt.

Verwendung: Die preiswerten Fische sind ganzjährig frisch zu haben. Ihr zarter Eigengeschmack soll nicht durch zu starke Gewürze übertönt werden. Kurze Garzeit. Gebraten, in der Folie oder im Backofen gegart. Frisch geräucherte Forelle ist eine schöne Vorspeise! Forellenrogen ergibt eine milde Kaviarsorte.

Glattbutt

F: *barbue*
I: *rombo*
Sp: *remol*
GB: *brill*

Fanggebiete: Nordsee, Ostsee, Atlantik, Mittelmeer.

Saison: Ganzjährig.

Aussehen: Ovaler Plattfisch aus derselben Familie wie der Steinbutt. Färbung der Oberseite sehr unterschiedlich, meist sandfarben oder braun, die Unterseite ist weißlich. Länge bis zu 70 cm. 1 bis 3 kg schwer.

Verwendung: Der Glattbutt kann nach den gleichen Rezepten wie Steinbutt oder Seezunge zubereitet werden. Das zarte schmackhafte Fleisch des Fisches ist sehr schnell gar.

Hecht

F: *brochet*
I: *luccio*
Sp: *lucio*
GB: *pike*

Fanggebiete: Flüsse, Seen, Teichwirtschaften.

Saison: Fast ganzjährig – in den Monaten Februar und März ist der Geschmack nicht so angenehm.

Aussehen: Langer schlanker Raubfisch mit spitzem Kopf und großen Augen. 50 cm bis 1,40 m lang. Viele Gräten. Milch und Rogen nicht verwenden, leicht giftig!

Verwendung: Am besten sind Hechte von 1 bis 3 kg Gewicht, bei größeren Hechten ist das feine Fleisch etwas trocken. Besonders beliebt im Ganzen, pochiert, mit einer »beurre blanc« serviert, oder mit Sahne im Ofen überbacken. Schnell verbrauchen – kurze Haltbarkeit.

Heilbutt

F: flétan
I: ippo-glosso
Sp: fletan
GB: halibut
Fanggebiete: Nordsee, Atlantik.
Saison: Ganzjährig, am besten im Frühling.
Aussehen: Größter aller Plattfische. Oberseite grau oder olivgrau gefärbt. Unterseite weißlich. Länge bis zu 2,50 m. Gewicht bis zu 300 kg. Ähnlich, aber nur bis 1,00 m lang: der schwarze Heilbutt.
Verwendung: In Portionsstücke geschnitten, lassen sich die Heilbuttschnitten gut braten und dämpfen. Auch geräuchert sehr beliebt. Die Filets vom schwarzen Heilbutt sind gröber, aber ebenfalls wohlschmeckend. Er ist besonders preiswert.

Hering

F: hareng
I: aringa
Sp: arenque
GB: herring
Fanggebiete: Nordsee, Ostsee, Atlantik.
Saison: Ganzjährig. Als Vollhering (mit Milch oder Rogen) und als zarter jungfräulicher Matjes von April bis Juli besonders wohlschmekkend.
Aussehen: Schlanker silbrig glänzender Fisch mit bläulichem Rücken. 30 bis 40 cm lang.
Verwendung: Äußerst vielseitig. Knusprig gebraten, gegrillt, mariniert, in Gelee schmeckt der Hering mit dem feinen Fleisch immer wieder anders. Feinschmecker essen ihn am liebsten an der Gräte, nicht filetiert.
Roh eingesalzen und geräuchert: Kipper.
Geräuchert: Bückling.
Roh in Essig eingelegt: Bismarckhering, aufgerollt: Rollmops.
Gebraten und in Essig eingelegt: Brathering.
Heringe sind noch immer eine der preiswertesten Delikatessen der Fischküche.

Kabeljau (Dorsch)-Klippfisch

F: cabillaud (frisch)
morue (getrocknet)
I: merluzzo (frisch)
baccalà (getrocknet)
Sp: merluza (frisch)
bacalao (getrocknet)
GB: cod (frisch)
dried cod (getrocknet)
Fanggebiete: Arktis, Nordatlantik, Nordsee, Ostsee. Trocknen zu Klippfisch besonders in Norwegen.
Saison: Ganzjährig – besonders gut im Winter.
Aussehen: Langgestreckter großer Rundfisch mit heller, über der Brustflosse gebogener Seitenlinie, von brauner bis olivgrüner Farbe. Lange Bartfäden. Länge bis 1 m. Gewicht 3 bis 10 kg.
Junger Kabeljau wird Dorsch genannt und wiegt etwa 1 kg.
Gesalzen und getrocknet wird Kabeljau zum Klippfisch. Er ist besonders in südlichen Ländern beliebt – kommt aber auch immer mehr in deutschen Landen auf den Tisch.
Verwendung: Kabeljau wird vor allem in Scheiben, Filets und Portionsstückchen zubereitet, der kleinere Dorsch oft im ganzen. Das Fischfilet ist fest und blättrig.
Schmeckt gut mit Gemüsen geschmort und mit herzhaften Saucen.

Karpfen

F: carpe
I: carpa
Sp: carpa
GB: carp
Fanggebiete: Kommt immer seltener als Wildkarpfen in stehenden oder langsam fließenden Süßwassergewässer vor. In Deutschland, vor allem in Bayern und in Schleswig-Holstein, in Teichwirtschaften gezüchtet. Importiert aus Israel und den Ostblockländern.
Saison: September bis April.
Aussehen: Breiter dicker Fisch mit braungrüner Rückenfärbung und goldgelben Seiten, besonders auffallend je zwei Barthaare auf beiden Mundseiten, 20 bis 50 cm lang und 1 bis 3 kg schwer.
Es gibt zwei Hauptsorten: *Schuppenkarpfen* – Karpfen mit vielen Schuppen. *Spiegelkarpfen und Lederkarpfen* – mit wenig oder gar keinen Schuppen.
Verwendung: Besonders beliebt und portionsweise zubereitet als »Karpfen blau«, in Franken ausgebacken. Karpfen läßt sich mit den verschiedensten Gemüsen angenehm schmoren.
Eine kleine Delikatesse: frisch geräucherter lauwarmer Karpfen mit Meerrettichsahne.

Lachs

F: saumon
I: salmone
Sp: salmón
GB: salmon
Fanggebiete: Flüsse, Atlantik, Ostsee, Nordsee, der beste Wildlachs kommt aus Schottland. Daneben Lachszucht in Norwegen und Kanada.
Saison: Ganzjährig, Wildlachs von Februar bis September.
Aussehen: Sicherlich einer der schönsten Fische der Welt!
Langgestreckter Körper von silbergrauer Farbe, dunkle Punkte. Länge bis zu 1,50 m.
Das Fischfleisch soll eher orange-rosa als zu rosa sein. Auch der Rogen vom Lachs zu orangerotem Kaviar verarbeitet, ist eine Delikatesse. Wildlachs ist um Klassen besser als Zuchtlachs.
Verwendung: Das köstliche Lachsfleisch kann roh mariniert werden, ist die Grundlage feiner Lachspasteten und -terrinen, bleibt zart auf Dampf und in der Folie, kann mit den raffiniertesten Saucen serviert werden.
Vorsicht beim Braten und Grillen! Das Lachsfleisch trocknet leicht aus.
Geräuchert eine der beliebtesten Vorspeisen.

Lotte (Seeteufel)

F: lotte de mer, baudroie
I: coda ri rospo, rana pescatrice
Sp: rape
GB: angler fish
Fanggebiete: Mittelmeer, Atlantik.
Saison: Ganzjährig.
Aussehen: Grotesk aussehender Fisch mit sehr großem, häßlichem Kopf und Maul. Rükken bräunlich oder rötlich mit dunklen Flekken, Unterseite weißlich. 50 bis 150 cm lang und bis 2,5 kg schwer.
Der Seeteufel wird ohne Kopf und bereits enthäutet verkauft. Hat keine Gräte, nur einen Mittelknochen.

Verwendung: Das feste vorzügliche, an Langusten erinnernde Fleisch der Lotte verträgt auch längere Garzeiten, daher gut für Schmorgerichte geeignet. Ein feiner Fisch, der seinen Preis wert ist.

Makrele

F: *maquereau*
I: *sgombro*
Sp: *caballa*
GB: *mackerel*
Fanggebiete: Nordsee, Ostsee, Atlantik, Mittelmeer.
Saison: Ganzjährig, aber die kleinen, zarten Makrelen im Frühjahr sind die feinsten.
Aussehen: Langgestreckter Fisch mit zebraähnlichen Streifen auf grünlich-braunem Rücken. 30 bis 50 cm lang.
Verwendung: Möglichst frisch zubereiten, verlieren schnell an Wohlgeschmack. Die fetten Makrelen mit ihrem angenehmen Eigengeschmack lassen sich besonders gut grillen und braten (nicht in Mehl wenden, dann wird die Haut bitter).
Geräuchert, vor allem aufgeschnitten und mit Pfefferkörner bestreut, eine preiswerte Delikatesse.

Meeraal

F: *congre*
I: *grongo*
Sp: *congrio*
GB: *conger eel*
Fanggebiete: Nordost-Atlantik, Nordsee, Mittelmeer.
Saison: Ganzjährig.
Aussehen: Schlangenförmiger Fisch mit graubrauner Rückenfärbung, Bauchseite weißlich, schuppenlos. Sieht Flußaal sehr ähnlich, ist aber nicht verwandt, sondern eine Muräne. Bis zu 3 m lang und 50 kg schwer.
Verwendung: Beim Einkauf ein Stück Meeraal in Scheiben vom Kopfende nehmen. Schwanz und Kopf sind gut für Suppen. Das feine feste Fleisch ist grätenreich. Zum Schmoren, aber auch zum Braten in der Pfanne beliebt.

Merlan (Wittling)

F: *merlan*
I: *merlano*
Sp: *merlan*
GB: *whiting*
Fanggebiete: Nordatlantik, Nordsee, Mittelmeer.
Saison: Ganzjährig – besonders gut in den Wintermonaten.
Aussehen: Stromlinienförmiger silberfarbener Fisch, selten länger als 30 cm. Die kleinen Merlane von 200 bis 300 g Gewicht sind besonders gut.
Verwendung: Der Merlan mit seinem zarten feinblättrigen Fleisch ist noch ein Geheimtip für Feinschmecker und daher preiswert. Muß schnell verbraucht werden. Der magere Fisch läßt sich besonders gut braten und ausbacken (kurze Garzeit beachten, damit das Fischfleisch fest bleibt).

Petersfisch

F: *Saint-Pierre*
I: *pesce San Pietro*
Sp: *pez de San Pedro*
GB: *John Dory*
Fanggebiete: Atlantik und Mittelmeer.
Saison: Ganzjährig.
Aussehen: Bizarrer Fisch mit sehr großem Kopf und langen Stacheln. 20 bis 50 cm lang. Großer schwarzer Punkt in der Mitte des Körpers (Daumenabdruck des Apostels Petrus!). Wegen der stacheligen Flossen den Fisch unbedingt beim Kauf filetieren lassen.
Verwendung: Die Filets des mageren Edelfisches sind von exquisitem Geschmack. Durch geringe Fleischausbeute (60% Abfall) sind die ausgelösten Filets sehr teuer. Kopf und Gräten unbedingt für Fischsuppe oder Fischfond mitnehmen. Alle Rezepte für Steinbutt oder Seezungenfilets sind ebenfalls geeignet.

Rascasse – Drachenkopf

F: *rascasse*
I: *scorfano*
Sp: *cabracho, rascacio*
GB: *scorpion fish*
Fanggebiete: Mittelmeer, Atlantik, Nordsee.
Saison: Ganzjährig – im Herbst und Frühling am besten.
Aussehen: Die pittoresken braunen und roten Rascassen mit dem großen Kopf haben sehr starke spitze Rückenflossen (Vorsicht). Mittelmeerrascasse werden 30 bis 50 cm lang, Atlantik- und Nordseerascasse bis 90 cm.
Verwendung: Unentbehrlich für eine echte Bouillabaisse. Das weiße feste würzige Fleisch der Mittelmeerrascasse ist auch filetiert oder im Ofen gebacken ein Genuß. Wegen der vielen starken Stacheln unbedingt beim Einkauf bratfertig herrichten lassen.

Renke – Felchen – Maräne

F: *féra*
I: *alborella*
GB: *whitefish*
Fanggebiete: Seen des Alpengebietes und Nordeuropas.
Saison: Etwa Mitte Januar bis Mitte September.
Aussehen: Silberglänzender langgestreckter Fisch, 30 bis 50 cm lang.
Verwendung: Die zarten Fische werden meistens als Portionsfische nach Müllerinnen Art gebraten oder filetiert in einer Rahmsauce serviert.
Frisch aus dem Rauch, noch lauwarm, ein besonderer Genuß!

Rochen

F: *raie*
I: *razza*
Sp: *raya*
GB: *ray, skate*
Fanggebiete: Küstengewässer des Atlantiks und des Mittelmeeres.
Saison: Ganzjährig, aber im Winter am besten.
Aussehen: Flacher grotesker Fisch mit großen »Flügeln« und langem Schwanz. Oberseite bräunlich oder ganz mit dunklen Punkten, Unterseite weißlich. Meistens werden nur die Rochenflügel mit dem weiß-rosa Fleisch verkauft. Rochen können 40 bis 200 cm groß sein.
Verwendung: Schmecken am feinsten gedämpft oder pochiert, mit Kapernbuttern oder feinstem Olivenöl und Kräutern übergossen oder auf Salat angerichtet.
Beim Einkauf der Fische darauf achten, daß die Rochenflügel noch mit Schleim bedeckt sind.

Rotbarsch (Goldbarsch)

F: *sébaste, rascasse du nord*
I: *scorfano*
Sp: *gallineta nordica*
GB: *red fish*
Fanggebiete: Nordatlantik.
Saison: Ganzjährig.
Aussehen: Tiefroter kräftiger ovaler Fisch mit starken stacheligen Flossen und großen Augen. Unterseite heller. 30 cm bis 1 m lang, wird meistens filetiert verkauft.
Verwendung: Das herzhafte Fleisch des Rotbarsches zerfällt nicht so leicht wie andere Fischfilets. Schmeckt gebraten und geschmort gleich gut und kann auch gut zu Fischklößchen verarbeitet werden.

Rotbarbe

F: *rouget*
I: *triglia di scoglio*
Sp: *salmonete de roca*
GB: *red mullet*
Fanggebiete: Mittelmeer, Atlantik, tropische Gewässer.
Saison: Ganzjährig, besonders gut von Juni bis Spätherbst.
Aussehen: Kleiner rötlicher Fisch mit steilem Kopfprofil, zwei lange Barthaare am Unterkiefer. 20 bis 40 cm lang. Am besten sind die kleinen Rotbarben, die an felsigen Küsten gefangen werden.
Verwendung: Einer der besten Fische des Mittelmeers, von Feinschmeckern hoch geschätzt und entsprechend teuer. In Folie gegart und gegrillt am delikatesten. Die »Bäckchen« werden mitgegessen, die Leber ist eine Delikatesse. Ganz frische Rotbarben werden ungeschuppt und unausgenommen gegrillt. Olivenöl paßt besonders gut zu dem kleinen roten Edelfisch.

Saibling

F: *omble chevalier*
I: *salmerino*
Sp: *salvelino*
GB: *char*
Fanggebiete: Vor allem in sauberen und kalten Alpenseen (in Bayern, Österreich und der Schweiz) sowie in England.
Saison: Unterschiedliche Schonzeiten im Winter.
Aussehen: Schöner langgestreckter Fisch von grauer bis grüner Farbe, gelbe Tupfen. Bauchseite zur Laichzeit rötlich. 20 bis 40 cm lang.
Verwendung: Das feine zartrosa Fleisch des Saiblings verlangt eine schonende Zubereitung: z. B. in Butter gebraten oder in Sahne und Kräutern geschmort.

Sardine

F: *sardine*
I: *sardina*
Sp: *sardina*
GB: *sardine*
Fanggebiete: Atlantik, Mittelmeer.
Saison: Mittelmeer ganzjährig, Atlantik von Mai bis Oktober.
Aussehen: Kleiner langgestreckter Fisch von grünlich-blauer Farbe, an beiden Kopfseiten zwei dunkle Flecken. 10 bis 20 cm lang. Die Sardinen werden immer größer und passen nicht mehr in die bisherigen Sardinenbüchsen!
Verwendung: Je frischer desto genußreicher. Knusprig gebraten in Öl – gegrillt oder im Ofen auf Gemüse gebacken. Sie lassen sich auch mit den verschiedensten Gewürzen in Essig einlegen. Preiswert und sehr gut.

Schellfisch

F: *aiglefin, églefin*
I: *asinello*
Sp: *eglefino*
GB: *haddock*
Fanggebiete: Nordatlantik, Nordsee.
Saison: Ganzjährig, am besten Oktober bis April.
Aussehen: Langgestreckter Rundfisch von silbergrauer Farbe. Dunkle, über der Brustflosse leicht gewölbte schwarze Seitenlinie, großer schwarzer Fleck auf beiden Seiten. 30 bis 80 cm lang.
Verwendung: Das etwas farblose, aber feine Fleisch des Schellfisches schmeckt am besten in Scheiben geschnitten oder im Ganzen im Ofen gebraten und mit einer gut gewürzten Sauce. Geräuchert ist Schellfisch als *haddock* besonders wohlschmeckend.

Scholle (Goldbutt)

F: *plie*
I: *passera*
Sp: *solla*
GB: *plaice*
Fanggebiete: Nordsee, Ostsee, Atlantik.
Saison: Ganzjährig, besonders beliebt im Frühjahr als Maischolle.
Aussehen: Ovaler Plattfisch von rötlich-brauner Farbe mit orangefarbenen Tupfen. Unterseite weiß-rosa. Länge 25 bis 45 cm, selten größer.
Verwendung: Vor allem im ganzen knusprig gebraten, als Portionsfisch von 400 bis 500 g, zu empfehlen – auch Schollenfilets. Sie schmecken gut auf Gemüse gedämpft.

Schwertfisch

F: *espadon*
I: *pesce spada*
Sp: *pez espada*
GB: *sword fish*
Fanggebiete: Mittelmeer, Atlantik, Nordsee, im Frühling ziehen große Schwärme durch die Straße von Messina.
Saison: April bis September.
Aussehen: Langgestreckter Rundfisch mit spitzer schwertförmiger Verlängerung des Oberkiefers. Fisch von dunkelgrauer Farbe, Bauch heller. Länge bis 3,50 m.
Verwendung: In dicke Scheiben geschnitten, läßt sich der schmackhafte kräftige Fisch infolge seines Fettgehaltes besonders gut braten und grillen. Olivenöl, Knoblauch, Pfefferschoten, Mittelmeerkräuter, Tomaten und Paprikaschoten sind gute Geschmackszutaten.

Seeteufel – siehe Lotte

Seezunge

F: *sole*
I: *sogliola*
Sp: *lenguado*
GB: *Dover sole*
Fanggebiete: Nordsee, Atlantik, Mittelmeer, Fänge vor der englischen und der normannischen Küste werden besonders geschätzt.
Saison: Ganzjährig, im Winter ist das Fleisch besonders fest, im Frühjahr und Frühsommer besonders wohlschmeckend.

Aussehen: Länglich-ovaler Plattfisch. Oberseite fleckig braun, Unterseite heller bis weißlich. Bis 40 cm lang. Am besten 300 bis 600 g schwer.
Verwendung: Es gibt eine riesige Rezeptauswahl, vor allem für die Seezungenfilets. Das zarte magere Fleisch ist von feinstem Geschmack. Kleinere Seezungen im ganzen braten, nicht auslösen. Vor dem Braten die graue Oberhaut ablösen, die weiße Unterhaut nicht entfernen.

Steinbutt

F: *turbot*
I: *rombo*
Sp: *rodaballo*
GB: *turbot*
Fanggebiete: Nordsee, Ostsee, Atlantik, Mittelmeer.
Saison: Ganzjährig, im Herbst und Winter am besten.
Aussehen: Leicht eckiger großer Plattfisch, dessen Färbung stark vom Aufenthaltsort abhängt. Die Augenseite ist gelblich-grau bis bräunlich mit kleinen weißen und schwarzen Punkten und mit kleinen Knochenhöckern versehen, die Steinchen gleichen und ihm seinen Namen gegeben haben. Die Unterseite von einem qualitativ hochwertigen Steinbutt soll ganz weiß sein. Länge bis zu 1 m. Idealgewicht für den Verbrauch 1 bis 3 kg.
Verwendung: Der teure Edelfisch mit dem delikaten Fleisch wird, im Ganzen zubereitet, am besten in einem Spezialtopf, einer *turbotière*, gegart. Einfacher zuzubereiten sind Babysteinbutts. Beim Einkauf von Filets (60% Abfall) Kopf und Gräten mitnehmen. Sie ergeben einen besonders guten gelatineartigen *fumet*.

Stör

F: *esturgeon*
I: *storione*
Sp: *esturión*
GB: *sturgeon*
Fanggebiete: Schwarzes Meer, Kaspisches Meer, Wolga und Nebenflüsse. Mündung der Gironde und des Guadalquivir. Außerhalb der Sowjetunion sehr selten.
Saison: Sommer.
Aussehen: Langer sehr schlanker Fisch mit spitzem Kopf, der mit fünf Längsreihen von Knochenschildern besetzt ist. Grau. Länge bis zu 4 m, durchschnittlich 1 bis 2 m. Die Eier des Störweibchens sind, mit einer bestimmten Menge an Spezialsalz konserviert, als Kaviar hochbegehrt und sehr teuer.
Verwendung: Der edle Geschmack des Störs sollte nicht durch starke Gewürze übertönt werden. Nur kurz braten, weil er leicht austrocknet. Stör schmeckt besonders gut geräuchert und in dünne Scheiben geschnitten. Teurer Fisch.

Thunfisch

F: *thon*
I: *tonno*
Sp: *atùn*
GB: *tuna*
Fanggebiete: Atlantik, Mittelmeer.
Saison: April bis Oktober.
Aussehen: *Roter Thunfisch:* Kräftiger spindelförmiger Fisch von bläulich-grauer Farbe, kann bis zu 3 m lang werden.
Weißer Thunfisch: In Körperbau und Färbung dem roten Thunfisch ähnlich, aber kleiner. Kann unterschieden werden durch sehr lange Brustflossen. Länge bis 1 m.
Bonito: Kleine weiße Thunfischart, die besonders zart ist und viele Streifen in der silbrigen Haut hat.
Verwendung: Das feste Fleisch vom Thunfisch erinnert im Geschmack leicht an Rind- und Kalbfleisch. Es ist fast grätenfrei. Wird vor allem in Scheiben gekauft. Je frischer desto genußreicher.
Die besten Rezepte kommen aus den Hauptfanggebieten Sizilien, Sardinen und dem Baskenland – aber auch aus der asiatischen Küche. Thunfischeier, gesalzen und luftgetrocknet, werden unter dem Namen *Bottarga* oder *Poutargue* in Italien und Frankreich hoch geschätzt und teuer – fast wie Kaviar – bezahlt.

Wolfsbarsch (Seebarsch)

F: *bar, loup de mer*
I: *spigola*
Sp: *lubina*
GB: *bass, sea bass*
Fanggebiete: Mittelmeer, Atlantik.
Saison: Ganzjährig – beste Zeit Januar bis August.
Aussehen: Langgestreckter eleganter Fisch von silberglänzender Farbe, der Rücken ist grau mit spitzer Rückenflosse. Grau. Bis zu 80 cm lang und bis 5 kg schwer.
In Frankreich unterscheidet man zwischen dem fast identisch aussehenden »bar« aus dem Atlantik und dem noch delikater schmekkenden »loup de mer« aus dem Mittelmeer. Das aber setzt spezielle Kenntnisse voraus.
Verwendung: Beide Fische stehen ganz oben auf der Hitliste aller Fischliebhaber. Ihr festes Fleisch hat einen so köstlichen Eigengeschmack, daß man es so »pur« wie möglich zubereiten sollte – in der Haut auf Dampf, gegrillt auf Holzfeuer oder in einer Salzkruste. Garzeiten genau einhalten, weil der kostbare Fisch leicht austrocknet. Ganz frischer Wolfsbarsch ist gut zum roh marinieren in dünnen Scheiben und als Tatar geeignet. Ein teurer, fast zu teurer Fisch!

Zander
Österreich: Schill oder Fogosch

F: *sandre*
I: *sandra, lucci-perca*
Sp: *lucioperca*
GB: *pike-perch*
Fanggebiete: Flüsse und Seen in Mittel- und Westeuropa, auch in Teichwirtschaften gezüchtet.
Saison: Ganzjährig.
Aussehen: Langgestreckter Körper von silbrig-grüner Farbe mit zugespitztem Kopf mit sichtbaren Zähnen, wird 50 bis 80 cm lang und bis 15 kg schwer. Am feinsten bei einem Gewicht von 1 bis 1,5 kg.
Verwendung: Der zarte Süßwasserfisch mit seinem besonders delikaten Geschmack steht seit einiger Zeit in Deutschland und Frankreich immer häufiger auf den Speisekarten der Nobelrestaurants. Der Zander liebt es, in Butter und Sahne zu schwimmen. Im Vergleich zu anderen Edelfischen ist er immer noch preiswert. Nur kurze Haltbarkeit. Schnell verbrauchen!

Schalentiere

Auster

F: *huître*
I: *ostrica*
Sp: *ostra*
GB: *oyster*
Zuchtgebiete in Europa: Atlantik, Nordsee (Frankreich – Belgien – Holland – Dänemark – Irland – England).
Saison: September bis April (bisher nur alle Monate mir »r«), aber zunehmend in Küstennähe ganzjährig.
Aussehen: Ungleichmäßige schuppige Schale, 5 bis 12 cm groß, unterschiedliche Farben – grau-grün – sandfarben, runde bis längliche Form und unterschiedliche Sorten – vor allem zwei Hauptsorten: die teuren, immer seltener werdenden *huitres plates (belons* und *marennes)* und die *huitres creuses (claires)*.
Verwendung: Den reinsten Meeresgenuß bieten die frischen rohen Austern – zum Aufbrechen der Schalen braucht man ein Austernmesser (aufpassen, daß das Meerwasser in der Auster erhalten bleibt). Für warme Austerngerichte gibt es eine Fülle von Rezepten – die Garzeit muß immer auf ein Minimum begrenzt sein.

Jakobsmuschel – Pilgermuschel – Kamm-Muschel

F: *coquille Saint-Jacques*
I: *capesante*
Sp: *concha de peregrino*
GB: *scallop*
Fanggebiete: Sie reichen von Norwegen bis zum Schwarzen Meer. Bestände gehen stark zurück.
Saison: Ende September bis März.
Aussehen: Unterschiedliche Arten.
Weißliche oder hellbraune strahlenförmig gerippte sehr schöne Muschel, 8 bis 14 cm Durchmesser. Das weiße Muschelfleisch (die Nuß) ist von dem rötlichen Corail (dem Rogen) eingerahmt, der ebenfalls eine Delikatesse ist.
Verwendung: Frische Jakobsmuscheln roh in Scheiben geschnitten mariniert. Das äußerst wohlschmeckende Muschelfleisch wird mit raffinierten Saucen (oft mit dem Corail zubereitet) angerichtet. Vorzüglich auch überbakken (immer in der schönen Schale). Auch tiefgekühlte Jakobsmuscheln sind für diese Zubereitungsarten geeignet. Garzeiten sehr kurz halten.

Miesmuschel

F: *moule*
I: *cozza mitilo*
Sp: *mejillón*
GB: *mussel*
Zuchtgebiete: »Muschelgärten« in der Nordsee (Dänemark, Bundesrepublik, Holland, Belgien), im Atlantik (Frankreich, Spanien, Portugal) und im Mittelmeer.
Saison: Ganzjährig. Wenn ganz frisch erhältlich, schmecken die Muscheln in den früher verbotenen Sommermonaten Juni bis September sogar am besten!
Aussehen: Blauschwarze längliche Muscheln, 5 bis 8 cm lang.
Die feinsten sind die kleinen Bouchot-Muscheln aus Frankreich, die größten sind die spanischen.
Verwendung: Im eigenen Saft unter Zusatz von Wein und Gewürzen als Suppe oder Ragout, verfeinert mit Sahne, unter Pasta und Reis gemischt, sind Miesmuscheln eine preiswerte Delikatesse.

Venusmuschel

F: *palourde*
I: *vongola verace*
Sp: *almeja fina*
GB: *carpet shell*
Fanggebiete: Mittelmeer, Atlantik (Großbritannien, Frankreich, Spanien, Portugal).
Saison: Ganzjährig.
Aussehen: Schöne weiße, gelbe oder hellbraune gerippte Muschel mit dunkleren Streifen, 3 bis 4 cm groß (andere Arten bis 8 cm – z. B. die *clams*).
Verwendung: In Italien unentbehrlich für eines der beliebtesten Pastagerichte: *Spaghetti alle vongole*. Gedämpft oder geschmort in Wein und Tomaten als Ragout und Suppen delikat. Die kleinen bräunlichen Venusmuscheln haben einen feinen nußartigen Geschmack und man genießt sie frisch (cru) zu Butterbrot und Wein.

Krustentiere

Hummer

F: *homard*
I: *astice*
Sp: *bogavante*
GB: *lobster*
Fanggebiete: Küstenregionen des Atlantik, vor allem Bretagne, Norwegen, Irland, Schottland und Kanada.
Saison: Fast ganzjährig.
Aussehen: Größtes Krustentier von bläulicher, fast schwarzer Farbe. Panzer wird beim Kochen leuchtend rot. Zwei Scheren von unterschiedlicher Größe. 30 bis 60 cm lang. Gewicht 300 g – 6 kg. Hummer von 1–1½ kg sind am besten für eine Mahlzeit von 2–3 Personen geeignet.
Verwendung: Am besten schmeckt der Hummer in mit Meersalz abgeschmecktem Wasser gekocht – pur.
Das zarte Fleisch des Hummers sitzt in den großen Scheren. Die grünlichen Eier des weiblichen Hummers werden beim Kochen korallenrot und sind eine kleine Delikatesse. Eine frisch gerührte Mayonnaise schmeckt gut zum gekochten Hummer. Delikat ist Hummer auch gegrillt. Frischer Hummer ist eine kostspieliger Genuß.

Languste

F: *langouste*
I: *aragosta*
Sp: *langosta*
GB: *spiny lobster, crayfish*
Fanggebiete: Atlantik, Mittelmeer, auch tropische Gewässer. Je kühler das Fanggebiet, um so besser der Geschmack.
Saison: Sommer – im Winter aus Südafrika und Südamerika eingeflogen.
Aussehen: Langschwanzkrebse von roter Farbe. Statt Scheren hat die Languste zwei sehr lange Antennenfühler. Länge bis zu 50 cm.
Am meisten geschätzt werden kleine Langusten von 300 bis 400 g.
Verwendung: Das beste Fleisch der Languste steckt in dem kräftigen Schwanz. Sie schmeckt am feinsten frisch gekocht, ist aber auch für die Zubereitung edler Salate und Ragouts sehr beliebt. Frische Langusten sind sehr teuer.

Langustine – Kaisergranat – Tiefseehummer

F: *langoustine*
I: *scampo*
Sp: *cigala langostina*
GB: *Dublin Bay prawn*
Fanggebiete: Nordsee, Atlantik, Mittelmeer.
Saison: Frühling und Sommer, im Winter werden frische Langustinen importiert. Tiefgekühlt werden Langustinenschwänze eingeflogen.
Aussehen: Langschwanzkrebse mit scharfgezähnten Scheren und vorspringenden Augen. Rötliche Farbe, 10 bis 26 cm lang. Sieht wie ein kleiner Hummer aus. Es gibt viele Varianten in der Langustinen-Familie.
Verwendung: Für viele Feinschmecker, wie auch für mich, ist das zarte Fleisch, das fast ausnahmslos in den Schwänzen steckt, das wohlschmeckendste von allen Krustentieren.
Es gibt eine riesige Rezeptauswahl für die feinen Langustinen – frisch gekocht mit einer Vinaigrette oder Mayonnaise serviert, als Salat oder die Schwänze gebraten, gebacken und als Ragout.

Garnele – Riesengarnele – Hummerkrabbe

F: *crevette rose*
I: *gambero rosso*
Sp: *gamba camaron*
GB: *shrimp, prawn, king prawn*
Fanggebiete: Atlantik, Nordsee, Mittelmeer, zunehmend Einfuhr von tiefgekühlten Garnelen aus Übersee.
Saison: Ganzjährig – meistens aber tiefgefroren im Handel.
Aussehen: Kleine Krustentiere von durchsichtig rosa oder brauner Farbe, die beim Kochen orangerot werden.
5 bis 30 cm lang. Riesengarnelen (3 bis 4 pro kg) sind dekorativer im Aussehen, die kleinen Garnelen (20 bis 30 pro kg) sind aber feiner im Geschmack.
Verwendung: Je frischer die Garnelen, desto fester und nußartiger ihr Fleisch. Erst unmittelbar vor dem Verbrauch ungeschält in mit Meersalz und Kräutern gewürztem Wasser kochen – sie schmecken am besten noch leicht warm. Auch mit Olivenöl in der Pfanne oder im Ofen gebraten ein Genuß.
Eine ideale Geschmacksverbindung: Garnelen mit Pasta oder Reis.

Krabbe – Granat

F: *crevette grise*
I: *gamberetto di sabbia*
Sp: *quisquilla*
GB: *brown shrip*
Fanggebiete: Skandinavien bis Mittelmeer, besonders Südwest-England, Nordseeküste von Belgien, Holland und der Bundesrepublik.
Saison: März bis Dezember.
Aussehen: Kleines Krebstier mit zwei langen Fühlern von durchsichtiger Farbe, wird durch Kochen rosabraun. Länge höchstens 6 cm.
Krabben werden schon an Bord der Krabbenkutter gekocht, bevor sie in den Verkauf kommen.
Verwendung: Schmecken am besten unangemacht zu Vollkornbrot und Butter, aber auch mit etwas Mayonnaise. Beliebt zu Rührei und Spiegelei.
Wer geschickte Hände hat, »puhlt« die zierlichen Krabben selbst aus der Schale.

Krebs – Flußkrebs

F: *écrevisse*
I: *gambero di fiume*
Sp: *congrejo*
GB: *crayfish*
Fanggebiete: Bäche, Flüsse und kleine Seen in Europa und Anatolien.
Saison: Werden vor allem im Sommer (Beginn 24. Juni) gefangen. Ausnahme: Türkei.
Aussehen: Dunkler Krebs mit zwei unterschiedlich großen Scheren, wird beim Kochen feuerrot. Länge bis 10 cm.
Verwendung: Vor allem frisch gekocht in seinem Sud als großes Krebsessen. Die feinen ausgelösten Krebsschwänze sind auch Grundlage vieler feiner Salate und Ragouts.

MOLLUSKEN

Kalmar

F: *calmar, encornet*
I: *calamaro*
Sp: *calamar*
GB: *squid*
Fanggebiete: Atlantik, Mittelmeer.
Saison: Ganzjährig.
Aussehen: 10 bis 50 cm langer schlanker sackartiger Körper, schmaler Kopf, hellbraune, braune und rote Farbe, zehnarmig, Körper enthält Säckchen mit tintenartiger Flüssigkeit.
Verwendung: Beim Säubern und Zubereiten das Säckchen mit der schwarzen Flüssigkeit aufheben – gibt delikate schwärzliche Sauce. Die Körper werden gerne gefüllt. Körper und Fangarme in Streifen geschnitten und geschmort oder ausgebacken.

Krake

F: *poulpe, pieuvre*
I: *polpo*
Sp: *pulpo*
GB: *octopus*
Fanggebiete: Atlantik, Nordsee, Mittelmeer.
Saison: Oktober bis März.
Aussehen: 40 bis 100 cm Gesamtlänge (in warmen Gewässern manchmal bis zu 3 m), sackförmiger Körper, 8 lange Fangarme.
Verwendung: Gründlich unter fließendem Wasser waschen, bis alle darin enthaltene Flüssigkeit entfernt ist.

Tintenfisch

F: *seiche*
I: *seppia, totano*
Sp: *jibia*
GB: *cuttlefish*
Fanggebiete: Atlantik, Mittelmeer.
Saison: Ganzjährig.
Aussehen: 25 bis 60 cm lang, sackartiger Körper, oval bis rund, zebrastreifenartige Quermusterung auf dem Rücken, zehnarmig (2 lange Fangarme, 8 Mund-Arme), Körper enthält Säckchen mit tintenartiger Flüssigkeit.
Verwendung: Nach gründlicher Säuberung die Körper in Streifen schneiden, sehr kleine Tintenfische bleiben ganz.

Register

Literatur

Von der umfangreichen Literatur, die mir bei der Vorbereitung dieses Buches zur Verfügung gestanden hat, möchte ich Fischliebhabern eine kleine Auswahl vorstellen:

Bücher

Bettonica, Luis
Cocina regional española,
ediciones Hymsa, Barcelona 1981

Chinese Cookbook,
The Hongkong and China Gas Co.,
Hongkong 1978

Davidson, Allan
Mediterranean seafood,
Penguin Books, London 1981

North Atlantic seafood,
Penguin Books, London 1980

Degner, Rotraud
So kocht Frankreich,
Hörnemann Verlag,
München 1978

So kocht Italien,
Hörnemann Verlag, Bonn 1984

Pasta! Pasta!! Pasta!!!
Wilhelm Heyne Verlag,
München 1988

Le Divellec, Jacques
La cuisine de la mer,
Editions Laffont, Paris 1982

Gosetti della Salda, Anna
Le ricette regionali italiane,
Casa editrice Solares, Mailand 1977

Juana, Eduardo
Guia de pescados y mariscos,
Ministerio de Sanidad y Consumo,
Madrid 1986

Konishi, Kiyoko
Japanisch kochen
Mosaik Verlag München, 1986

Michael-Rushmer, Jane
Die original thailändische Küche,
Wilhelm Heyne Verlag München, 1987

Minchelli, Paul et Jean
Le Duc – toute la cuisine de la mer,
Olivier Orban éditeur

Panck, Lyda
Kochbuch für die Ostseeprovinzen Rußlands,
Dorpat 1874

Senderens, Alain et Eventia
La cuisine réussie,
Editions J. C. Lattès, Paris 1984

Serge (de la Rochelle)
52 menus du dimanche,
Editions Mengès, Paris 1980

Das große Kochbuch vom Fisch,
Teubner-Edition, Füssen 1987

Das große Kochbuch der Meeresfrüchte,
Teubner-Edition, Füssen 1985

Vergé, Roger
Ma cuisine du soleil,
Editions Laffont, Paris 1978

Zeitschriften

Gault-Millau Magazine, Paris
Mondo cucina, Armando Curzio Editore, Rom
Revista de gastronomia y enologia, Barcelona